AF174373

Más allá del bien y del mal

Plutón
Ediciones

COLECCIÓN
ETERNA

Más allá del bien
y del mal

Friedrich Nietzsche

TRADUCCIÓN: ALARIC DUKASS

© Plutón Ediciones X, s. l., 2022

Cuarta Edición: 2025

Diseño de cubierta: Alejandro Díaz
Maquetación: Saul Rojas

Edita: Plutón Ediciones X, s. l.,

E-mail: contacto@plutonediciones.com
http://www.plutonediciones.com

Impreso en España / Printed in Spain

Queda rigurosamente prohibida, sin la autorización escrita de los titulares del «Copyright», bajo las sanciones establecidas en las leyes, la reproducción parcial o total de esta obra por cualquier medio o procedimiento, comprendidos la reprografía y el tratamiento informático, y la distribución de ejemplares de ella mediante alquiler o préstamo públicos.

I.S.B.N anterior: 978-84-19087-56-0

I.S.B.N: 979-13-87692-79-7
Depósito Legal: B-13435-2025

Estudio Preliminar

Friedrich Nietzsche, es conocido como uno de los filósofos más relevantes y que ha ejercido mayor influencia en la filosofía contemporánea. Su obra es reconocida por su aguda e intransigente crítica hacia la moral, la religión y la cultura alemana, y también, hacia la ligereza política y social vinculadas a la avasallante Modernidad europea.

Nietzsche nació en Röcken, cerca de Leipzig, Alemania, en 1844. Después de la muerte de su padre en 1849, la familia se mudó a Naumburg, donde creció acompañado de su madre, abuela, dos tías y su hermana Elizabeth. Estudiante destacado, a los 24 años le fue ofrecida la cátedra de Filología clásica en la Universidad de Basilea después de concluir sus estudios universitarios, siendo la persona más joven en recibir este honor, sin embargo, diez años después hubo de abandonar este trabajo por motivos de salud.

Aunque Nietzsche ya había dictado infinidad de conferencias y publicado varios libros y ensayos, a partir de ese momento quedó libre para dedicarse de lleno a la escritura y desarrollar su estilo reflexivo característico. Sus obras más importantes a partir de ese periodo fueron:

1882. *La gaya ciencia*
1883. *Así hablaba Zaratustra.*
1886. *Más allá del bien y del mal.*
1887. *La genealogía de la moral.*
1888. *El Anticristo.*
1889. *Ecce Homo.*

A lo largo de sus escritos, Nietzsche tomará como referencia la psicología para apoyar sus reflexiones acerca de la naturaleza del yo y la creación de nuevos valores que facilitarían la renovación cultural de Europa. Sus críticas más radicales, las cuales siempre estuvieron centradas en la religión, los valores, la moral, la voluntad de poder e, inclusive, la misma filosofía, se harán más incisivas en la presente obra.

Más allá del bien y del mal, es un retrato del espíritu libre —que ya no es el librepensador que nos reveló *Zaratustra*— sino aquel espíritu que se encuentra más allá del bien y del mal dejando sentir su influencia en cada una de sus reflexiones sobre los temas confrontados. En esta obra, Nietzsche critica el comportamiento de los filósofos de la época, se burla de su falta de honestidad y cuestiona su pasiva tolerancia y aceptación de la moral judeo-cristiana. Así mismo, distingue entre un periodo premoral y uno extramoral y admite la existencia de "nosotros los inmoralistas", no obstante, su postura frente a lo que el llamará "una moral de señores y una moral de esclavos" es lo que en esta obra se diferenciará capitalmente de *Así hablaba Zaratustra*.

Mientras que el planteamiento expuesto en el *Zaratustra*, puede ser, tal vez, alentador con relación a la posibilidad de cambio y reflexión de la postura cultural de la época, en *Más allá del bien y del mal*, Nietzsche deja entrever que la moral es un asunto creado por el hombre para justificar sus actos y decisiones, y que este decidirá aquello que es bueno o malo de acuerdo a su propia escala de valores, por lo que el autor se muestra implacable al tildar de hipócrita a cualquier persona moralmente "correcta", ya que la suya será una moral basada en sus propios intereses y nunca en el deber ser.

Por otra parte, y sorpresivamente, Nietzsche incluye en este libro una amplia reflexión acerca de la mujer, ridiculizando abiertamente su deseo de emancipación, haciéndonos entender que este deseo está malentendido... "Aquí y allá se desea hacer de las mujeres librepensadoras y literatas, como si una mujer sin piedad no fuera para un hombre intenso y ateo algo totalmente despreciable o ridículo". Sin embargo, este pensamiento está ceñido a los criterios de su época.

Definitivamente, en *Más allá del bien y del mal* es relevante el cambio radical de perspectiva del filósofo. Para Nietzsche, estar más allá del bien y del mal, es estar más allá de la moral, más allá de la tradición y más allá de la manera de pensar de su tiempo. Es encarnar el "espíritu libre" que nos permitirá ascender hacia el superhombre, espiritual y moralmente superior, que ya nos había revelado *Zaratustra*.

PRÓLOGO

Presumiendo que la verdad sea una mujer… ¿Cómo?, ¿aún no se ha justificado la sospecha de que todos los filósofos, en la medida en que han sido dogmáticos, entendieron muy poco acerca de las mujeres?, ¿de que la impresionante seriedad, la desastrosa insistencia con que han tenido la costumbre de acercarse a la verdad —hasta ahora— eran maneras torpes e ineficaces para conquistar precisamente los favores de una mujer? Lo que sí es innegable es que la verdad no se ha dejado conquistar y hoy toda especie de credo continúa allí en pie, con un talante de desconsuelo y desánimo. ¡Si es que sigue en pie! Pues hay bromistas que afirman que ha caído, que todo credo permanece en el suelo, más todavía, que todo credo se encuentra en las últimas. Hablando seriamente, hay excelentes razones que alimentan la esperanza de que todo dogmatizar en filosofía, aunque se haya mostrado como algo muy pomposo, muy concluyente y muy válido, acaso no habrá sido otra cosa que una insigne puerilidad y cosa de novatos; y a lo mejor está muy cerca el momento en que se podrá comprender, cada vez más, qué es lo que ha bastado para colocar la primera piedra de esos excelsos e incondicionales edificios de filósofos que los dogmáticos han venido erigiendo hasta el momento, una creencia popular cualquiera originaria de un período inmemorial (como la superstición del alma, la cual, en cuanto creencia del sujeto y creencia del yo, aún hoy no ha dejado de ocasionar daño), quizás un juego de palabras cualquiera, un encantamiento de parte de la gramática o una imprudente generalización de hechos muy reducidos, muy personales, muy humanos, excesivamente humanos. La filosofía de los dogmáticos ha sido solamente, esperemos, un hacer promesas durante miles de años: como lo fue, en una era más antigua aún, la astrología, en cuyo favor es muy posible que se hayan invertido más trabajo, dinero, sutileza y paciencia que los que se han invertidos hasta el momento a favor de cualquiera de las auténticas ciencias. A la astrología y a sus ínfulas "sobreterrenales" se debe el grandioso estilo de la arquitectura existente en Asia y en Egipto. Parece ser que todas las cosas grandes, para inscribirse con sus perpetuas exigencias en el corazón de los seres humanos, antes tienen que deambular sobre la tierra, como monstruosas y espantosas figuras grotescas. Una de esas figuras grotescas fue la filosofía dogmática, por ejemplo: el platonismo en Europa y la doctrina del Vedanta en Asia. No seamos desagradecidos con ellas, aunque tengamos que admitir que la más terrible, la más duradera y peligrosa de todas las equivocaciones ha sido, hasta ahora, una equivocación de dogmáticos, es decir, la invención por Platón del espíritu puro y del bien en sí. No obstante, ahora que esa equivocación ha sido superada, ahora que Europa puede respirar calmada de tal pesadilla y que al menos le es permitido disfrutar de un mejor sueño, somos nosotros, cuyo oficio es el permanecer despiertos, quienes heredamos toda la fuerza que la lucha contra esa equivocación ha desarrollado y ha hecho crecer. En cualquier caso, hablar del espíritu y del bien tal como lo hizo Platón representaría poner la verdad cabeza abajo y refutar el perspectivismo, el cual es circunstancia fundamental de toda vida. Incluso, con relación a los médicos, nos es legítimo preguntar: "¿De dónde viene esa enfermedad que aparece en la más bella planta de la antigüedad en Platón?, ¿es que la pervirtió el malvado Sócrates?, ¿sería Sócrates, entonces, el corruptor de la juventud?, ¿y habría sido él merecedor de su cicuta?". Pero la disputa contra Platón o, para decirlo de una manera más obvia para el "pueblo", la disputa contra la dominación cristiano-eclesiástica durante siglos —pues el cristianismo es platonismo para el "pueblo"— ha formado una magnífica tensión del espíritu en Europa, la cual no había existido antes sobre la tierra, con un arco tan tenso que ahora nosotros podemos pensar como blanco en las metas más lejanas. Es verdad que el hombre europeo experimenta esa tensión como una tortura, y ya se ha intentado, en dos oportunidades, aflojar el arco con gran estilo: la primera, por el jesuitismo, y la segunda, por la ilustración democrática; ¡a la cual, de hecho, le fue permitido conseguir, con ayuda de la libertad de prensa y de la lectura de periódicos, que el espíritu no se percibiera a sí mismo tan simplemente como "tortura"! (Los alemanes crearon la pólvora ¡mis respetos por ello!, pero volvieron a repararlo al inventar la prensa). Pero nosotros, que no somos ni jesuitas, ni demócratas, y tampoco bastante alemanes; nosotros, los buenos europeos y espíritus libres, muy libres ¡nosotros aún la tenemos, tenemos la tortura toda del espíritu y la completa tensión de su arco! Y, tal vez, también la flecha, la tarea y, ¿quién sabe?, hasta el blanco...

SILS MARÍA, ALTA ENGADINA.
JUNIO DE 1885

PRIMERA PARTE

DE LOS PREJUICIOS DE LOS FILÓSOFOS

1

La voluntad de verdad, que todavía nos atraerá a correr más de un riesgo, esa célebre veracidad de la que todos los filósofos han hablado hasta ahora con admiración, ¡qué preguntas nos ha presentado ya esa voluntad de verdad! ¡Qué preguntas tan raras, siniestras y problemáticas! Es una historia bastante larga y, sin embargo, ¿no parece que apenas acaba de comenzar? ¿Puede parecer extraño el que nosotros terminemos por hacernos desconfiados, que perdamos la paciencia y que nos demos la vuelta, impacientes? ¿El que, por nuestra parte, nosotros también aprendamos a preguntar de esa esfinge? ¿Quién es el que, debidamente, nos hace aquí las preguntas?

¿Qué es esa cosa existente en nosotros que aspira debidamente a la "verdad"? De hecho, hemos estado atascados durante mucho tiempo frente a la pregunta que interroga por la razón de ese querer, hasta que hemos terminado deteniéndonos completamente ante una pregunta aún más drástica. Hemos preguntado cuánto vale esa voluntad. Suponiendo que nosotros deseamos la verdad, ¿por qué no, en cambio, la no-verdad? ¿y la duda? ¿incluso la ignorancia? El problema del valor de la verdad se plantó frente a nosotros, ¿o fuimos nosotros quienes nos plantamos frente a ese problema? ¿Aquí, quién de nosotros es Edipo? ¿Quién es esfinge? Es este, según parece, un lugar donde se encuentran preguntas y signos de interrogación. ¿Y podría creerse que a nosotros quiere parecernos, en último lugar, que el problema nunca ha sido planteado hasta ahora, que ha sido notado, enfrentado, expuesto por nosotros por primera vez? Pues hay un riesgo en ello, y posiblemente no exista otro mayor.

2

"¿Cómo podría surgir algo de su antagonismo? ¿Por ejemplo, la verdad, del error? ¿O la voluntad de verdad, de la voluntad de falsedad? ¿O la acción generosa, del egoísmo? ¿O la pura y luminosa contemplación del sabio, de la concupiscencia? Semejante origen es imposible. Quien sueña con ello es un necio, o hasta algo peor; las cosas de supremo valor es necesario que tengan otro origen, un origen propio, ¡no son derivables de este mundo efímero, fascinante, mentiroso, mezquino, de este desorden de delirio y deseo! Antes bien, en el núcleo del ser, en lo permanente, en el Dios oculto, en la "cosa en sí", ¡ahí es donde tiene que encontrarse su fundamento y en ningún otro lugar!". Esta manera de juzgar conforma el típico prejuicio por el que resultan identificables los metafísicos de todos los tiempos. Este tipo de valoraciones se encuentran en el trasfondo de todos sus ordenamientos lógicos. Arrancando de este "creer" suyo hacen un esfuerzo por obtener su "saber", algo que luego es bautizado pomposamente con el nombre de "verdad". La creencia de base de los metafísicos es la creencia en la oposición a los valores. No se les ocurrió dudar, ni siquiera a los más prudentes entre ellos, aquí en el umbral donde era más imperioso hacerlo; aunque, no obstante, se habían jurado de *omnibus dubitandum*[1]. Ya que en realidad, es lícito poner en duda, en primer lugar, que existan antítesis en absoluto, y en segundo lugar, que esas notorias valoraciones y antítesis de valores sobre las que los metafísicos han impreso su sello sean mucho más que apreciaciones superficiales, o algo más que representaciones provisionales y, además, posiblemente, configuraciones tomadas desde un ángulo, de abajo arriba, perspectivas de rana, por decirlo de algún modo, para tomar en préstamo una expresión corriente entre los pintores. A pesar de todo el valor que pueda corresponder a lo auténtico, a lo veraz, a lo generoso, es posible que al semblante, al deseo de engaño, al egoísmo y a la concupiscencia hubiera que darles un valor más elevado o más sustancial para toda vida. Incluso, sería posible que lo que conforma el valor de aquellas cosas buenas y admiradas consistiese justamente en el hecho de encontrarse emparentadas, unidas, cruzadas de manera engañosa con estas cosas malas y en apariencia antitéticas, y tal vez, en ser esencialmente iguales a ellas. ¡Tal vez! ¡Pero, quién quiere preocuparse de esos peligrosos "tal vez"! Para ello hay que esperar la llegada de una nueva especie de filósofos; de filósofos que tengan intereses e ideologías diferentes, opuestos a los que existen hasta ahora, filósofos del arriesgado "tal vez", en todos los sentidos de la expresión. Y hablando con mucha seriedad: estoy viendo surgir a esos nuevos filósofos en la distancia.

3

Después de haber dedicado bastante tiempo a leer a los filósofos entre líneas y a observar sus manos, yo me digo: te-

---

1 Dudar de todas las cosas.

nemos que describir entre las actividades instintivas la parte más relevante del pensar consciente, ello, incluso, en el caso del pensar filosófico. Aquí deberíamos cambiar de ideas, igual que hemos cambiado de ideas en lo concerniente a la herencia y a lo "innato". Puesto que el acto del nacimiento no es para nada considerado en el curso anterior y ulterior de la herencia, tampoco lo es la "consciencia" en ningún aspecto decisivo; contrario a lo instintivo, la gran parte del pensar consciente de un filósofo está orientada de manera secreta por sus instintos y es empujada por estos a circular por determinados surcos. Igualmente, detrás de toda lógica y de su aparente independencia de movimientos se hallan valoraciones o, para expresarlo con mayor claridad, exigencias fisiológicas dirigidas a conservar un determinado tipo de vida. Por ejemplo, que lo determinado es más apreciable que lo indeterminado o que la apariencia es menos valiosa que la "verdad". A pesar de toda su categoría reguladora para nosotros, semejantes apreciaciones podrían ser, con todo, solamente estimaciones superficiales, un cierto tipo de *niaiserie*, tal vez necesaria, justamente para preservar seres así como nosotros. Presumiendo, en efecto, que no sea necesariamente el hombre la "medida de las cosas"...

4

Para nosotros la falsedad de un juicio ya no es un inconveniente contra él; tal vez sea en esto en lo que se muestre más inusual nuestro nuevo lenguaje. El asunto está en saber hasta qué límite ese juicio favorece la vida, la conserva, conserva la especie, tal vez, incluso escoge la especie y, por principio, nosotros nos hallamos inclinados a asegurar que los juicios más falsos (entre ellos se encuentran los juicios sintéticos *a priori*) son los más indispensables para nosotros, que el hombre no podría existir si no aceptara las ficciones lógicas, si no midiera la realidad del mundo con el metro inventado solamente de lo incondicionado, idéntico a sí mismo, si no falseara persistentemente el mundo por medio del número, que desistir a los juicios falsos sería desistir de la vida, negar la vida. Aceptar que la no-verdad es parte de la vida: esto significa, por supuesto, enfrentarse peligrosamente a los sentimientos de valor acostumbrados; y una filosofía que se atreve a hacer esto, ya solo con ello, se sitúa más allá del bien y del mal.

5

Lo que nos estimula a observar a todos los filósofos con una mirada desconfiada y sarcástica a medias, no es que nos damos cuenta, una y otra vez, de que son muy inocentes, de que cometen errores y que se pierden con frecuencia y excesiva facilidad, es decir, su infantilismo y puerilidad, sino el hecho de que no tengan una conducta suficientemente honesta, de modo que todos ellos alzan un inmenso y virtuoso ruido tan pronto como se menciona, aunque sea remotamente, el problema de la veracidad. Todos ellos aparentan haber descubierto y logrado sus propias opiniones por medio del autodesarrollo de una dialéctica fría, pura, espléndidamente despreocupada (a diferencia de los místicos de cualquier nivel, que son más íntegros que ellos y más torpes, los místicos charlan de "inspiración") por lo que, en el fondo, es una teoría acogida con anterioridad, una ocurrencia, una "inspiración", casi siempre es un deseo recóndito, vuelto abstracto y pasado por el tamiz, lo cual, es defendido con razones buscadas ulteriormente: todos ellos son abogados que no quieren ser llamados así y en gran parte de los casos son, incluso, maliciosos abogados de sus prejuicios, a los que denominan con el nombre de "verdades", y están bien distantes de la valentía de la conciencia que se confiesa esto a sí misma, justamente esto, muy distantes del buen gusto de la valentía que también otorga entender esto, bien sea para poner en guardia a un amigo o enemigo, bien por arrogancia y por mofarse de sí misma. La tan tiesa y tan moderada tartufería del viejo Kant, con la cual nos atrae hacia los retorcidos caminos de la dialéctica, los cuales orientan o, más precisamente, desorientan hacia su "imperativo categórico", esa farsa nos hace sonreír a nosotros, hombres malacostumbrados que hallamos no sobria diversión al analizar las sutiles malicias de los antiguos moralistas y predicadores de moral. Y no hablemos de aquel *hocuspocus* de forma matemática con el que Spinoza puso una armadura de bronce a su filosofía y la encubrió definitivamente, "el amor a su sabiduría", descifrando esta palabra en su correcto e imparcial sentido, con la intención de así intimidar de antemano el coraje del atacante que osara dar una mirada sobre esa imbatible virgen y Palas Atenea. ¡Cuánta timidez y debilidad propias refleja esa pantomima de un enfermo ermitaño!

6

Poco a poco se me ha ido mostrando qué es lo que hasta el momento ha sido toda gran filosofía, es decir, la autoconfesión de su creador y una especie de *memoires* no deseadas y no advertidas; del mismo modo, que los propósitos morales (o inmorales) han compuesto en toda filosofía el genuino germen vital del que siempre ha surgido la planta entera. De hecho, para dejar claro de qué manera han tenido lugar, justamente, las afirmaciones metafísicas más antiguas de un filósofo, es bueno e inteligente empezar siempre preguntándose ¿a qué moral quiere esto —quiere él— llegar? Yo no supongo que un "instinto de conocimiento" sea, por lo tanto, el padre de la filosofía, sino que, igual aquí que en otros lugares, un instinto diferente ha aprovechado el conocimiento —¡y el desconocimiento!— solo como instrumento. Pero quien estudie los instintos esenciales del hombre con la intención de saber hasta qué punto justamente ellos se pueden haber comportado como genios o como demonios o duendes inspiradores hallará que todos ellos ya han hecho filosofía en algún momento, y que a cada uno de ellos le complacería mucho presentarse a sí mismo como el objeto último de la existencia y como el legítimo señor de todos los otros instintos. Pues todo instinto desea dominar y, por lo tanto, intenta filosofar. Por supuesto, entre los eruditos, entre los hombres ciertamente científicos es posible que las cosas sucedan de un modo "mejor", si se quiere, tal vez, allí exista realmente algo así como un instinto epistémico, un minúsculo reloj independiente que, una vez que se le ha dado bien la cuerda, comienza a trabajar firmemente, sin que ninguno de los demás instintos del hombre erudito participe en esencia en ello. Por esa razón los genuinos "intereses" del erudito de ordinario se encuentran en otros espacios totalmente diferentes, por ejemplo en la familia, o en el salario, o en la política, y hasta resulta prácticamente indiferente el que su minúscula máquina sea utilizada en este o en aquel sector de la ciencia, y el que el inexperto y "esperanzador" trabajador haga de sí mismo un buen filólogo, o un entendido en hongos, o un químico, lo que lo determina no es que él llegue a ser esto o aquello. Por el contrario, en el filósofo nada, absolutamente nada es impersonal y es, en especial, su moral la que brinda un decidido y decisivo testimonio de quién es él, es decir, de en qué orden de jerarquía se hallan equitativamente situados los más íntimos instintos de su naturaleza.

7

¡Qué perversos pueden ser los filósofos! Yo no he conocido nada más nocivo que el chiste que Epicuro se permitió contra Platón y los platónicos: los llamó *dionysiokolakes*. Este término, según su sentido literal, y en primer lugar, quiere decir "aduladores de Dionisio", o sea, agentes del tirano y personas serviles, pero, además, significa "todos ellos son histriones, en ellos no hay nada legítimo" —pues *dionysokolax* era una denominación popular del comediante—. Y en este último detalle radica justamente la malicia que Epicuro arrojó contra Platón. A Epicuro le incomodaban los modales grandiosos, el ponerse en escena a sí mismo, cosa de la cual entendía Platón y sus discípulos, ¡y de la que Epicuro no entendía nada! Él, el veterano maestro de escuela de Samos que se mantuvo escondido en su jardincito de Atenas y escribió trescientos libros, ¿quién sabe?, ¿tal vez por rabia y por ambición en contra de Platón? Fueron precisos cien años para que Grecia descubriera de quién había sido aquel dios del jardín. Epicuro. ¿Se dio cuenta?

8

En toda filosofía hay un lugar en el que entra en escena la "certeza" del filósofo, o para expresarlo en el lenguaje de un antiguo *mysterium*:

> *adventavit asinus*
> *pulcher et fortissimus²*.

9

¿Queréis vivir "de acuerdo con la naturaleza"? ¡Oh ilustres estoicos, qué patraña de palabras! Imaginaos un ser como la naturaleza, que es malgastadora sin medida, insensible sin medida, que no posee intenciones, ni miramientos de piedad y justicia, que es fecunda y estéril e incierta a la vez, imaginaos la indiferencia misma como un poder. ¿Cómo podríais vivir vosotros de acuerdo con esa indiferencia? ¿Vivir no es exactamente un querer ser diferente de esa naturaleza? ¿Vivir no es valorar, elegir, ser injusto, ser limitado, querer ser diferente? Y suponiendo que vuestro imperativo sea "vivir según la naturaleza" y en el fondo signifique lo mismo que "vivir según la vida", ¿cómo podríais no vivir de esa manera? ¿Para qué transformar en un principio aquello que vosotros mismos sois y tenéis que ser? En realidad, las cosas son totalmente distintas: ¡mientras simuláis leer boquiabiertos el canon de vuestra ley en la na-

---

2   Ha llegado un asno / hermoso y muy fuerte.

turaleza, lo que deseáis es algo opuesto, vosotros extraños comediantes y engañadores de vosotros mismos! Vuestro orgullo quiere concluir e incorporar a la naturaleza, incluso a la naturaleza, vuestra moral, vuestro ideal, vosotros exigís que ella sea naturaleza "según la Estoa" y quisierais hacer que cualquier existencia existiese únicamente a vuestra imagen, ¡como una grandísima e inmortal glorificación y generalización del estoicismo! A pesar de todo vuestro amor a la verdad, vosotros os coaccionáis a vosotros mismos, durante tanto tiempo, con tanta obstinación, con tal firmeza hipnótica, a ver la naturaleza de una manera falsa, es decir, de una manera estoica, y ya no sois capaces de mirarla de otra forma, y una profunda soberbia acaba infundiéndoles, incluso, la necia esperanza de que, porque vosotros os sepáis tiranizar a vosotros mismos: estoicismo es tiranía de sí mismo. También la naturaleza se deja tiranizar; ¿no es, ciertamente, el estoico un fragmento de la naturaleza?... Pero esta es una historia antigua, eterna, lo que sucedió en aquel tiempo con los estoicos continúa ocurriendo actualmente, tan pronto como una filosofía comienza a sostenerse a sí misma, siempre concibe el mundo a su imagen, no puede hacerlo de otro modo. La filosofía es ese instinto despótico mismo, la más subjetiva voluntad de poder, de "crear el mundo", de ser la causa primera de todo.

10

El afán y la sutileza, yo incluiría la astucia, con que actualmente se afronta en cualquier parte de Europa el problema "del mundo real y del mundo aparente", es un tema que da que pensar y que induce a escuchar. Y aquel que oiga aquí en el trasfondo, solo una "voluntad de verdad", y ninguna otra cosa, la verdad es que ese no posee oídos muy agudos. Tal vez en casos raros y particulares participen realmente aquí esa voluntad de verdad, cierto valor desenfrenado y aventurero, una avidez metafísica de mantener el puesto perdido, avidez que definitivamente sigue prefiriendo siempre un manojo de "certeza" a toda una carreta de encantadoras posibilidades, posiblemente existan hasta fanáticos puritanos de la conciencia que eligen echarse a morir sobre una nada segura antes que sobre un algo dudoso. Pero eso es nihilismo y la muestra de un alma desesperada, mortalmente agotada, aunque las muestras de tal virtud puedan aparentar ser muy heroicas. Para los pensadores más enérgicos, más llenos de vida, aún sedientos de vida, las cosas parecen suceder, sin embargo, de otra manera al tomar partido en contra de la apariencia y pronunciar con orgullo la palabra "perspectivista", al dar a la credibilidad de su propio cuerpo tan poca estima como a la credibilidad de la apariencia visible, la cual expresa que "la tierra está quieta", y al dejar escabullirse así de las manos, con buen humor al parecer, la propiedad más segura —pues, ahora, ¿en qué se cree con mayor seguridad que en el cuerpo propio?—, ¿quién sabe si en lo más profundo no quieren recuperar algo que en otro momento fue poseído con mayor seguridad, algo que pertenece al viejo patrimonio de la fe de otro tiempo, tal vez "el alma inmortal", tal vez "el viejo Dios", a fin de cuentas, ideas sobre las que se podía vivir mejor, es decir, de manera más vigorosa y jovial que sobre las "ideas modernas"? En esto hay poca confianza frente a estas ideas modernas, hay falta de fe en todo lo que ha sido erigido ayer y hoy. Hay tal vez, combinado con lo anterior, un leve disgusto y sarcasmo, que ya no tolera el tenderete de conceptos, de la más disímil naturaleza, que es la imagen con que se presenta hoy a sí mismo en el mercado el designado positivismo, hay una náusea propia del gusto más riguroso frente a la policromía de feria y el aspecto andrajoso de todos estos filosofastros del entorno, en quienes no hay nada nuevo y auténtico, salvo esa policromía. Aquí se debe dar la razón, a mi entender, a los escépticos antirrealistas y microscopistas del saber existentes, su instinto, que los conduce a alejarse de la realidad moderna, no está impugnado. ¡Qué importancia tienen para nosotros sus retrógrados caminos tortuosos! Lo fundamental en ellos no es que deseen volver "atrás": sino que deseen alejarse. Un poco más de fortaleza, de vuelo, de coraje, de sentido artístico y querrán ir más allá, ¡no hacia atrás!

11

Creo que ahora la gente se esfuerza, en todas partes, por alejar la mirada del verdadero influjo que Kant ha profesado sobre la filosofía alemana y, en particular, por deslizarse con prudencia sobre el valor que él se atribuyó a sí mismo. En primer lugar, Kant estaba orgulloso, ante todo, de su tabla de las categorías. Con ella en sus manos expresó: "Esto es lo más complejo que jamás pudo ser iniciado con vistas a la metafísica". No obstante, ¡entiéndase bien ese "pudo ser"! Kant estaba orgulloso de haber desenmascarado en el hombre una facultad nueva, la facultad de los juicios sintéticos *a priori*. Aún presumiendo que se haya mentido a sí mismo en esto, a pesar de ello, el desarrollo y el rápido surgimiento de la filosofía alemana resultan de ese orgullo y del estímulo surgido entre los más jóvenes por hallar —en lo posible— algo más orgulloso todavía ¡y en cualquier caso "nuevas facultades"! Pero recapacitemos, ya es tiempo. Kant se preguntó: ¿Cómo pueden ser posibles los juicios sintéticos *a priori?* ¿Y qué respondió?: por la facultad de una facultad. Pero por desgracia, él no lo expresó con esas seis palabras, sino de una manera tan detallada, tan respetable, y con tal profusión de profundidad y floritura alemanas que la gente obvió la divertida *niaiserie allemande*³ que se esconde en dicha respuesta. Incluso, la gente estaba fuera de sí debido a esa nueva facultad, y el alborozo llegó a su cúspide cuando Kant descubrió en el hombre, asimismo, una facultad moral, pues para ese momento los alemanes aún eran morales, y no, totalmente, "políticos realistas". Era la luna de miel de la filosofía alemana. Todos los jóvenes teólogos del Seminario de Tubinga enseguida fueron a registrar la maleza, todos buscaban "facultades". ¡Y qué cosas se hallaron en aquel tiempo inocente, rico, aún juvenil del espíritu alemán, en el cual el romanticismo, como un hada perversa, tocaba su música, entonaba sus cantos, en aquellos tiempos en los que aún no se sabía conservar separados el "hallar" y el "inventar"! Sobre todo, una facultad para lo "suprasensible": Schelling la designó con el nombre de intuición intelectual y de ese modo satisfizo los deseos más esenciales de sus alemanes, en el fondo colmados de deseos piadosos. A todo este presumido y entusiasta movimiento, que era juventud, por muy valientemente que se encubriese con conceptos grisáceos y seniles, la injusticia más grande que se le puede hacer es tomarlo en serio, y, no mencionemos, tratarlo tal vez con indignación moral, en definitiva, la gente se hizo más vieja y el sueño se esfumó.

3   Bobería alemana.

Llegó una época en que todo el mundo se frotaba la frente, aún hoy sigue haciéndolo. Se soñó, especialmente y en primer lugar, que el viejo Kant había dicho o al menos había querido decir: "Por la facultad de una facultad". Pero, ¿esto es una respuesta? ¿Una aclaratoria? ¿O más bien, no es solo la repetición de una pregunta? ¿Cómo hace dormir el opio? "Por la facultad de una facultad", es decir, por su *virtus dormitiva* contestó aquel médico en Molière,

> *quia est in eo virtus dormitiva*
> *cujus est natura sensus assoupire*[4].

Pero esas respuestas tienen su espacio en la comedia y, finalmente, ya es hora de cambiar la pregunta kantiana: "¿Cómo son posibles los juicios sintéticos *a priori*?", por una pregunta diferente: "¿Por qué es necesario creer en tales juicios?". Es decir, ya es hora de entender que, con el objetivo de conservar seres de nuestra especie, hay que creer que tales juicios son verídicos; ¡por lo que, naturalmente, podrían ser incluso juicios falsos! O, dicho de una manera más clara, y más tosca, y más radical: los juicios sintéticos *a priori* no deberían "ser posibles" categóricamente. Nosotros no poseemos ningún derecho a ellos, en nuestra boca son solamente juicios falsos. Solo que, de todas maneras, creer en su verdad es necesario, igual que una creencia trivial y una apariencia visible que pertenecen a la óptica perspectivista de la vida. Para referirnos, nuevamente y por última vez, a la inmensa influencia que "la filosofía alemana" ha tenido en toda Europa —¿se entiende, como espero, su derecho a las comillas?—, no se ponga en duda de que aquí

---

4 Porque hay en ello una fuerza dormitiva / cuya naturaleza consiste en adormecer los sentidos.

ha participado una cierta *virtus dormitiva*: los ociosos nobles, los virtuosos, los místicos, los artistas, los cristianos en sus tres cuartas partes y los oscurantistas políticos de todas las procedencias estaban complacidos de poseer, gracias a la filosofía alemana, un fármaco contra el aún arrogante sensualismo que desde el siglo pasado se inundaba sobre este, en conclusión, *sensus assoupire*[5]...

12

En lo relativo al atomismo materialista, es una de las cosas mejor rebatidas que existen, y tal vez hoy no haya en Europa entre los doctos nadie tan indocto que siga otorgándole un significado serio, salvo para el uso manual y doméstico (es decir, como una reducción de los medios expresivos) gracias en particular a aquel polaco Boscovich, que, al lado del polaco Copérnico ha sido, hasta el día de hoy, el contendiente más grande y victorioso de la apariencia visible. Pues, mientras que Copérnico nos ha convencido de creer, contra todos los sentidos, que la tierra no está fija, Boscovich nos enseñó a renegar de la creencia en la última cosa que "estaba fija" de la tierra, la creencia en lo "corporal", en la "materia", en el átomo, ese último resto y partícula terrestre. Este fue el mayor triunfo sobre los sentidos obtenido hasta ahora sobre la tierra. Pero hay que ir más lejos todavía y declarar la guerra, una atroz guerra a cuchillo también, a la "necesidad atomista", la cual sigue sobreviviendo de modo peligroso en terrenos donde nadie la vislumbra, similarmente a como sobrevive aquella "necesidad metafísica" aún más célebre. En primer lugar, hay que finalizar también con aquel otro y más nefasto atomismo,

5　Adormecer los sentidos.

que es el que mejor y más extendidamente ha enseñado el cristianismo: el atomismo psíquico. Permítaseme denominar con esta expresión la creencia que imagina el alma como algo inquebrantable, eterno, inseparable, como una mónada, como un átomo: ¡debemos expulsar esa creencia de la ciencia! Aquí entre nosotros, de ninguna manera es necesario librarse por ello de "el alma" misma y abandonar una de las hipótesis más arcaicas y respetables, lo cual suele ocurrirle a la incapacidad de los naturalistas, quienes apenas tocan "el alma" la pierden. Pero el camino que conduce a nuevas enunciaciones y distinciones de la hipótesis del alma está abierto y nociones tales como el "alma mortal", el "alma como pluralidad del sujeto" y el "alma como estructura social de los instintos y afectos" quisieran tener, de ahora en adelante, derecho de ciudadanía dentro de la ciencia. El nuevo psicólogo, al acabar con la superstición que proliferaba hasta ahora con una exuberancia casi tropical alrededor de la noción de alma, por supuesto, se ha expatriado a sí mismo, por decirlo de algún modo, a un nuevo desierto y a una nueva desconfianza. Es probable que los antiguos psicólogos vivieran de manera más cómoda y divertida, pero, en realidad, aquel se sabe absolutamente condenado por esto a inventar y, ¿quién sabe?, posiblemente a encontrar.

13

Los fisiólogos deberían pensar muy bien antes de asegurar que el instinto de autoconservación es el instinto fundamental de un ser vivo. Antes que nada, un ser vivo quiere dar libre curso a su vitalidad. La vida misma es voluntad de poder, la autoconservación es solamente uno de los re-sultados indirectos y más frecuentes de esto. En definitiva, aquí, como en todas partes, ¡cuidado con los fundamentos teleológicos superficiales!, como ese del instinto de auto-conservación (que se lo debemos a la falta de consecuencia de Spinoza). En efecto, así lo establece el método, el cual debe ser en esencia economía de principios.

14

Posiblemente sean cinco o seis las cabezas donde ahora va abriéndose paso la idea de que también la física es solo una interpretación y una argucia del mundo (¡de acuerdo con nosotros!, dicho sea de paso), y no una explicación del mundo. Pero, en la medida en que la física se respalda sobre la fe en los sentidos se la supone como algo más, y durante mucho más tiempo tendrá que ser apreciada como algo más, esto es, como explicación. A su favor posee los ojos y los dedos, también, la apariencia visible y la palpable. Esto profesa un influjo fascinante, convincente, terminante so-bre un período cuyo gusto básico es plebeyo. En efecto, tal período se orienta por instinto por el canon de la verdad del sensualismo eternamente popular. ¿Qué es indudable, qué está "aclarado"? Únicamente aquello que se deja ver y tocar. Hasta ese extremo hay que llevar cualquier problema. A la inversa, de modo opuesto a la evidencia de los sentidos estaba el encanto de la manera platónica de pensar, que era una forma aristocrática de pensar tal vez entre hombres que gozaban de sentidos más fuertes y más exigentes, incluso, que los que tienen nuestros contemporáneos, pero que sabían hallar un triunfo mayor en permanecer dueños de esos sentidos, y esto, mediante anémicas, frías, deslucidas redes conceptuales que ellos arrojaban sobre el multicolor torbellino de los sentidos, la plebe de los sentidos, como señalaba Platón. En este triunfo y en esta interpretación del mundo —al modo de Platón— había una especie de disfrute diferente del que nos brindan los físicos de hoy y, del mismo modo, los darwinistas y antiteleólogos entre los trabajadores de la fisiología con su principio de la "fuerza mínima" y la estupidez máxima. "Allí, donde el hombre no tiene nada que ver y aferrar, tampoco tiene nada que buscar" este es, por supuesto, un precepto diferente al platónico, un precepto que, sin embargo, tal vez sea totalmente apropiado para una estirpe tosca y trabajadora de maquinistas y de constructores de puentes del futuro, quienes no tienen nada más que hacer que trabajos soeces.

15

Para desarrollar la fisiología con buena razón hay que afirmar que los órganos de los sentidos no son fenómenos en el sentido de la filosofía idealista: ¡así como no podrían ser, en consecuencia, causas! Por lo tanto, hay que admitir el sensualismo, siquiera como hipótesis regulativa, por no mencionar como principio heurístico. ¿Cómo?, ¿y otros llegan a expresar que el mundo exterior podría ser obra de nuestros órganos? ¡Pero entonces nuestro cuerpo, ya que es un fragmento de ese mundo exterior, podría ser obra de nuestros órganos! ¡Pero entonces, nuestros mismos órganos serían obra de nuestros órganos! Esto es, en mi opinión, una *reductio ad absurdum*[6] radical, imaginando que

6   Reducción al absurdo.

el concepto de causa de sí mismo sea algo completamente absurdo. ¿En consecuencia, el mundo externo no es obra de nuestros órganos?

16

Siguen existiendo ingenuos observadores de sí mismos que suponen que existen "certezas inmediatas", por ejemplo, "yo pienso", o, y esta fue la falsa creencia de Schopenhauer, "yo quiero", como si aquí, por decirlo de algún modo, el conocer lograra captar su objeto de forma pura y desnuda, en cuanto "objeto en sí" y, ni por parte del sujeto ni por parte del objeto ocurriera ningún falseamiento. Pero que "certeza inmediata" y además "conocimiento absoluto" y "objeto en sí" contienen una *contradictio in adjecto*[7], eso yo lo diré cien veces: ¡deberíamos librarnos finalmente de la fascinación de las palabras! Por más que el pueblo crea que conocer es un conocer hasta el final, el filósofo tiene que repetirse: "Cuando yo examino el proceso expresado en la proposición 'yo pienso' logro una serie de temerarias afirmaciones cuya fundamentación no resulta fácil y posiblemente imposible. Por ejemplo, que yo soy el que piensa que tiene que haber, en definitiva, algo que piensa; que pensar es una acción y el efecto que causa un ser que es pensado como causa; que existe un 'yo' y, en definitiva, que está determinado qué es lo que hay que distinguir con la palabra pensar, y que yo sé qué es pensar. Por consiguiente, si yo no hubiera tomado dentro de mí una decisión acerca de esto, ¿de acuerdo con qué estimaría yo que lo que acaba de suceder no es quizás 'querer' o 'sentir'? A fin de cuentas,

---

7   Contradicción en el adjetivo.

ese 'yo pienso' reconoce que yo comparé mi estado actual con otros estados que ya domino en mí, para de esa manera edificar lo que tal estado es, en razón de ese recurso, a un saber diferente. Tal estado para mí no posee, en cualquier caso, una 'certeza' inmediata".

En lugar de esa "certeza inmediata" en la que, dado el caso, puede creer el pueblo, el filósofo tiene así entre sus manos, una sucesión de cuestiones metafísicas, verdaderas cuestiones de conciencia del intelecto que plantean: "¿De dónde extraigo yo el concepto pensar? ¿Por qué creo en la causa y en el efecto? ¿Qué me da derecho a hablar de un yo, e incluso, de un yo como causa y, finalmente, hasta de un yo causa de pensamientos?". Quién, invocando una cierta intuición del conocimiento, se arriesga a responder de inmediato a esas cuestiones metafísicas, igual que lo hace quien dice: "yo pienso y yo sé que por lo menos esto es verídico, real, cierto", hallará presentes hoy en un filósofo una sonrisa y dos signos de interrogación. "Señor mío", quizás, el filósofo le dará a entender: "es sorprendente que usted no se equivoque, pero ¿por qué asimismo la verdad a toda costa?".

17

En lo relativo a la superstición de los pensadores lógicos, yo no me cansaré de insistir una y otra vez sobre un hecho pequeño e insignificante que esos supersticiosos declaran de mala gana, a saber: que un pensamiento llega cuando "él" quiere, y no cuando "yo" quiero; de manera que es una falsedad de los hechos decir: el sujeto "yo" es la condición del predicado "pienso". Ello piensa, más que ese "ello" sea justamente aquel viejo y célebre "yo", eso es, expresándolo de modo sutil, solamente una hipótesis, una afirmación y, principalmente, no es una "certeza inmediata". En conclusión, decir "ello piensa" ya es decir mucho. Ese "ello" ya contiene una explicación del proceso y no forma parte de él. Aquí se razona según la costumbre gramatical que señala que "pensar es una actividad, en consecuencia, alguien que actúe forma parte de toda actividad". Más o menos de acuerdo con el mismo esquema, el viejo atomismo buscaba además de la "fuerza" que actúa, aquel trocito de materia en que convive la fuerza desde la que actúa el átomo. Cabezas más inflexibles terminaron aprendiendo a estar sin ese "residuo terrestre", y posiblemente algún día la gente se acostumbrará, también los pensadores lógicos, a estar sin ese pequeño "ello" (a lo que quedó reducido, al esfumarse, el honesto y antiguo yo).

18

No es indudablemente el menor atractivo de una teoría el que esta resulte rebatible, es justo por esa razón que atrae a las cabezas más sutiles. Se estima que la cien veces objetada teoría de la "voluntad libre" debe su subsistencia tan solo a ese atractivo; una y otra vez llega alguien y se siente con bastante fortaleza para rebatirla.

19

Los filósofos tienen la costumbre de hablar de la voluntad como si este fuera el asunto más conocido del mundo y Schopenhauer dio a entender que la voluntad era la única entidad que nos era correctamente conocida, conocida por entero y totalmente, y conocida sin sustracción ni añadidura. Pero a mí sigue pareciéndome que, también en esta oportunidad, Schopenhauer solo hizo lo que suelen hacer los filósofos: tomó una preocupación popular y la exageró. A mí, ante todo, la voluntad me parece algo complicado, algo que ya como palabra forma una unidad, y justo en esa unidad verbal se oculta la preocupación popular que se ha apoderado de la siempre insignificante reserva de los filósofos. Seamos, entonces, más prudentes, seamos "afilosóficos", es decir, en toda voluntad existe, en primer lugar, una diversidad de sentimientos, a saber: el sentimiento del estado del que nos alejamos, el sentimiento del estado al que tendemos, el sentimiento de esos mismos "alejarse" y "tender" y, además, el sentimiento muscular análogo que, por una especie de costumbre, entra en juego tan pronto como "ejecutamos una voluntad", aunque no pongamos "brazos y piernas" en movimiento. Y así, como hemos de reconocer que el sentir, y desde luego, el sentir múltiple, forma parte de la voluntad, así también debemos admitir, en segundo lugar, el pensar: en todo acto de voluntad hay un pensamiento que ordena ¡y no se piense que es posible separar ese pensamiento del "acto de voluntad", como si entonces ya solo quedara voluntad!

En tercer lugar, la voluntad no es únicamente un complejo sentir y pensar, sino además un afecto y, desde luego, el aludido afecto al mando. Lo que se denomina "libertad de la voluntad" es básicamente el afecto de superioridad con relación a quien tiene que obedecer: "Yo soy libre. 'Él' tiene que obedecer". En toda voluntad se oculta esa consciencia e, igualmente, aquella tensión de la atención, aquella mirada recta que se detiene exclusivamente en una sola cosa, aquella evaluación sin condiciones, "ahora se necesita esto y no otra cosa", aquella certeza interior de que se nos obedecerá y todo lo otro que forma parte del estado propio de quien manda. Un hombre que realiza un acto de voluntad es alguien que da una orden a algo que hay dentro de él, lo cual obedece o él piensa que obedece. Pero ahora nótese lo más asombroso en la voluntad, ese asunto tan complejo de nombrar, para el cual el pueblo no tiene más que una sola palabra, en la medida en que, en cierto caso, nosotros somos quienes mandan y quienes obedecen a la vez y, así mismo, sabemos en cuanto somos quienes obedecen los sentimientos de obligar, urgir, dominar, resistir, agitar, los cuales suelen iniciar de inmediato después del acto de la voluntad; en la medida en que, por otra parte, nosotros tenemos la costumbre de dejar pasar, de olvidar falsamente esa dualidad, gracias al sintético concepto "yo". Ocurre que de la voluntad se ha enganchado, además, toda una serie de conclusiones equivocadas y, por lo tanto, de falsas evaluaciones de la voluntad misma, de forma que el volente cree de buena fe que la voluntad es suficiente para la acción. Dado que en la mayoría de los casos hemos realizado un acto de la voluntad solamente cuando también resultaba legítimo esperar el efecto del mandato, esto es, la obediencia, esto es la acción, sucede que la apariencia se ha convertido en el sentimiento de que existe una necesidad del efecto, en definitiva, el volente cree, con un alto grado de seguridad, que voluntad y acción son de cierta forma una sola cosa, y acusa el buen resultado, la ejecución del acto de voluntad, a la voluntad misma, y con ello saborea un aumento del sentimiento de poder que cualquier buen resultado trae consigo. "Libertad de la voluntad" esta es la frase para designar el confuso estado de placer del volente, quien manda y al mismo tiempo se identifica con el ejecutor, y también disfruta como tal el triunfo sobre las resistencias, pero dentro de él mismo estima que su voluntad es la que debidamente vence las resistencias. A su sentimiento de placer de ser quien manda, agrega así el volente los sentimientos satisfactorios de los instrumentos que ejecutan, que logran el éxito, de las amables "subvoluntades" o subalmas. Nuestro cuerpo, en realidad, es solo una estructura social de muchas almas. *L'effet c'est moi*[8]. Aquí sucede lo que ocurre en cualquier colectividad bien organizada y feliz, a saber, que la clase gobernante se iguala con los éxitos de la colectividad. Todo acto de voluntad simplemente consiste en mandar y obedecer, sobre la base, como hemos mencionado, de una estructura social de cuantiosas "almas"; por ello un filósofo debería atribuirse el derecho de considerar el acto de voluntad, en sí, desde el ángulo de lo moral. Entendido lo moral, por supuesto, como sistema de las relaciones de dominio en el que emerge el fenómeno "vida".

20

Que los diferentes conceptos filosóficos no son algo caprichoso, algo que se desarrolle de por sí, sino que aumentan en relación y parentesco mutuos, que, aunque aparentemente se presenten de manera repentina y antojadiza en la historia del pensar, no obstante, forman parte de un sistema, igual que todos los miembros de la fauna de un área de la tierra. Esto es algo que se descubre, categóricamente, en la seguridad con que los filósofos más disímiles rellenan

---

8   El efecto soy yo.

una y otra vez cierto bosquejo básico de filosofías posibles. Subyugados por un hechizo invisible, recorren una y otra vez la misma órbita, por muy independientes que se consideren los unos de los otros con su voluntad crítica o sistemática. Algo que existe en ellos los orienta, algo los incita a sucederse en determinado orden: justamente aquel innato sistematismo y parentesco de los conceptos. El pensar de los filósofos no es, efectivamente, tanto un descubrir cuanto un reconocer, un recordar nuevamente, un regresar y un repatriarse a aquella distante y viejísima economía global del alma de la que en otro tiempo habían surgido aquellos conceptos. En este sentido, filosofar es una especie de atavismo de la más alta jerarquía. El sorprendente parecido de familia de todo filosofar indio, griego, alemán, se expone con bastante simplicidad. Justo allí donde hay un parentesco lingüístico resulta en absoluto improbable impedir que, en virtud de la común filosofía de la gramática, quiero decir, en virtud de la potestad y la orientación inconscientes practicados por funciones gramaticales idénticas, todo se encuentre predispuesto de antemano para un progreso y sucesión uniformes de los sistemas filosóficos. Igual que el camino parece estar cerrado para algunas posibilidades diferentes de interpretación del mundo. Los filósofos del área lingüística uralo-altaica (donde el concepto de sujeto es el peor desarrollado) observarán con enorme posibilidad "el mundo" de forma diferente que los indogermanos o musulmanes, y los descubriremos en sendas distintas a las de estos. El hechizo de ciertas funciones gramaticales es, en conclusión, el hechizo de juicios de valor fisiológicos y de condiciones étnicas. Todo eso, para rebatir la superficialidad de Locke en lo relativo al origen de las ideas.

21

La *causa sui* es la mejor autocontradicción encontrada hasta ahora, una especie de ultraje y acto *contra natura* lógicos, pero el escandaloso orgullo del hombre lo ha conducido a enredarse profunda y horriblemente justo en ese sinsentido. El deseo de la "libertad de la voluntad", entendida en ese sentido metafísico y superior que, por desgracia, sigue dominando en el pensamiento de incompleta instrucción, el anhelo de cargar uno mismo con la total y última responsabilidad de sus acciones y de aliviar de ella a Dios, al mundo, a los antepasados, al azar y a la sociedad, en efecto, es igual, nada menos, que a ser justamente esa *causa sui* y a salirse uno mismo del pantano de la nada y a surgir a la vida a base de tironearse de los cabellos con una imprudencia aún mayor que la de Münchhausen. En el caso de que alguien llegue a notar la rústica sencillez de ese célebre concepto de la "voluntad libre" y se lo saque de la cabeza, yo le pido entonces que adelante un paso más en su "ilustración" y también se saque de la cabeza lo opuesto al monstruoso concepto de la "voluntad libre", es decir, a la "voluntad no libre", que se acerca a un uso equivocado de causa y efecto. No debemos cosificar erróneamente "causa" y "efecto" como hacen los investigadores de la naturaleza (y quienes, como ellos, naturalizan actualmente en el pensar) de acuerdo con el imperioso cretinismo mecanicista, el cual permite que la causa presione y empuje hasta que "causa el efecto". Debemos servirnos justamente de la "causa" y del "efecto" solamente como conceptos puros, es decir, como ficciones habituales, con fines de designación, de comprensión, pero no de explicación. En el "en sí" no existen "lazos causales", ni "necesidad", ni "no libertad psicológica", allí

no sigue "el efecto a la causa", allí no rige "ley" alguna. Nosotros somos quienes hemos creado las causas, la sucesión,
la reciprocidad, la relatividad, la coacción, el número, la ley,
la libertad, el motivo, la finalidad, y siempre que introduci-
mos falsamente este mundo de signos, y lo entremezclamos
en las cosas, como si fuera un "en sí", seguimos actuando
de igual forma que hemos actuado siempre, es decir, de
manera mitológica. La "voluntad no libre" es mitología.
En la vida real solo existen voluntad fuerte y voluntad débil. Casi siempre es un síntoma de lo que a un pensador
le falta, el hecho de que en toda "conexión causal" y en
toda "necesidad psicológica", tenga la sensación de algo
de imposición, de necesidad, de continuación obligada, de
presión, de ausencia de libertad. El tener justamente esa
sensación resulta delator, la persona se delata a sí misma.
Y por lo general, si mis observaciones son acertadas, la "no
libertad de la voluntad" se piensa como problema desde
dos aristas completamente opuestas, pero invariablemente
de una manera profundamente personal: unos no quieren
abandonar a ningún precio su "responsabilidad", ni la fe
en sí mismos, ni al derecho particular a su mérito (las razas presumidas se encuentran en este lado); los otros, por
el contrario, no desean ser responsables de nada, ni tener
culpa de nada, y desean, desde un recóndito autodesprecio,
poder arrojar su carga sobre cualquier cosa. Estos últimos,
cuando escriben libros, suelen adjudicarse actualmente la
defensa de los criminales, cierta compasión socialista es
su disfraz más atractivo. Y de hecho el desaliento de los
débiles de voluntad se engalana de manera sorprendente
cuando se presenta a sí mismo como el culto a la *souffrance
humaine*[9]. Ese es su "buen gusto".

---

9   Sufrimiento humano.

22

Pido se me perdone el que yo, como viejo filólogo que no logra abandonar su malicia, señale con el dedo las pésimas artes de interpretación, pero es que esa "uniformidad de la naturaleza" de la que vosotros los físicos habláis con tanto orgullo como si no existiera más que gracias a vuestra interpretación y a vuestra pésima "filología", ¡ella no es un hecho, tampoco es un "texto", por el contrario, es tan solo un ardid y una distorsión inocentemente humanitaria del sentido, con los que complacéis ampliamente los instintos democráticos del alma moderna! "En todos lados, igualdad ante la ley, en este punto la naturaleza no se halla en diferentes ni mejores condiciones que nosotros". Graciosa insinuación con la cual se encubre, una vez más, el antagonismo de los hombres de la plebe contra todo aquello que es privilegiado y soberano, e igualmente, un segundo y más etéreo ateísmo.

Ni dieu, ni maître[10], vosotros también queréis eso, y por ello "¡viva la ley natural!", ¿no es verdad? Pero, como hemos mencionado, esto es interpretación y no texto, y podría llegar alguien que, con un arte interpretativo y una intención antitéticas, supiese extraer de la lectura de esa misma naturaleza y con relación a los mismos fenómenos, el triunfo tiránico a cabalidad, cruel e inexorable de ínfulas de poder, un intérprete que os colocara de tal manera frente a los ojos la universalidad y la incondicionalidad reinantes en toda "voluntad de poder", que casi cualquier palabra, hasta la propia palabra "tiranía", terminara pareciendo in-

---

10 Ni dios, ni maestro.

utilizable o una metáfora debilitante y moderadora, algo excesivamente humano, que afirmara, no obstante, sobre este mundo, a fin de cuentas, lo mismo que vosotros afirmáis, o sea, que sigue un curso "necesario" y "calculable", pero no porque en él existan leyes, sino porque estas faltan absolutamente, y todo poder muestra a cada instante su última consecuencia. Suponiendo que esto también sea únicamente interpretación ¿no os vais a dar prisa vosotros en hacer esa objeción? Pues, mucho mejor.

23

Hasta ahora la psicología en su conjunto ha estado dependiendo de prejuicios y temores morales. No se ha atrevido a descender a la profundidad. Imaginarla como morfología y como teoría del desarrollo de la voluntad del poder, tal como yo la concibo, eso es algo que no hay quien haya acariciado siquiera en sus pensamientos, en efecto, en la medida en que se puede reconocer —en lo que se ha escrito hasta el momento— un síntoma de lo que se ha silenciado hasta ahora. La fuerza de los prejuicios morales ha calado a fondo en el mundo espiritual, un mundo en apariencia más frío y más independiente de presupuestos y, como puede entenderse, ha tenido efectos perjudiciales, paralizantes, ofuscadores, de distorsión. Una fisiopsicología verdadera se ve forzada a batallar con resistencias inconscientes que moran en el corazón del investigador, ella tiene en su contra "el corazón". Ya, una doctrina que discuta del condicionamiento mutuo de los instintos "buenos" y "malos" provoca, como si fuera una inmoralidad más ligera, pena e inquietud a una conciencia aún fuerte y valerosa, y más aún, causa pena e inquietud una doctrina que exponga la derivabilidad de todos los instintos buenos de los instintos crueles. Pero considerando que alguien suponga que hasta los sentimientos odio, envidia, avaricia, ansia de dominio son sentimientos condicionantes de la vida, algo que por principio y de manera fundamental y básica, tiene que estar presente en la economía global de la vida, y que en consecuencia tiene que ser desarrollado en el caso de que la vida deba ser desarrollada, ese alguien sufrirá semejante ordenación de su juicio igual que un mareo. No obstante, esta hipótesis tampoco es, ni de lejos, la más ingrata e inusual que cabe hacer en este enorme territorio, casi desconocido todavía, de conocimientos peligrosos: ¡y en efecto hay cien buenas razones para que permanezca alejado de él todo el que pueda! Por otra parte, una vez que nuestra nave ha desviado su rumbo hasta aquí, ¡bien!, ¡adelante!, ¡ahora apretad bien los dientes!, ¡abrid los ojos!, ¡la mano firme en el timón!, estamos dejando atrás, navegando recto sobre ella, sobre la moral. Posiblemente con ello aplastemos, machaquemos, nuestro propio resto de moralidad mientras hacemos y nos atrevemos a hacer nuestro viaje en esa dirección, pero, ¡¿qué importamos nosotros?! Nunca antes se ha desplegado un mundo más recóndito de conocimiento para viajeros y aventureros temerarios; y al psicólogo que "realiza sacrificios" de esta manera, no es el *sacrifizio dell'intelletto*, ¡por el contrario!, le será permitido aspirar a que la psicología vuelva a ser examinada, al menos, como señora de las ciencias, para cuyo servicio y desarrollo existen todas las demás ciencias. Pues, a partir de este momento la psicología vuelve a ser el camino que lleva hacia los problemas fundamentales.

Segunda parte

El espíritu libre

24

O sancta simplicitas[11]! ¡En qué simplificación y mentira tan raros vive el hombre! ¡Resulta imposible dejar de sorprenderse una vez que hemos adaptado nuestros ojos para observar tal prodigio! ¡Cómo hemos tornado luminoso y libre y factible y sencillo todo lo que nos rodea! ¡Cómo hemos logrado dar a nuestros sentidos un pase libre para todo lo frívolo, y a nuestro pensamiento, un divino deseo de saltos y traviesos razonamientos falsos! ¡Cómo hemos logrado desde el principio mantener nuestra ignorancia, con intención de disfrutar una libertad, una despreocupación, una desatención, una intrepidez, un entusiasmo apenas comprensible de la vida, con el fin de disfrutar la vida! Hasta el momento, a la ciencia le ha sido permitido levantarse solamente sobre esta trama de ignorancia, que ahora ya es firme y granítica. A la voluntad de saber solo le ha sido permitido levantarse sobre la base de una voluntad mucho más fuerte, ¡la voluntad de no saber, de titubeo, de no verdad! No como su antítesis, sino ¡como su elegancia! Aunque el lenguaje, aquí como en cualquier parte, no sea capaz de ir más allá de su propia ineptitud y siga hablando de antítesis allí donde solo existen grados y una complicada sutileza de gradaciones, aunque, del mismo modo, la antigua tartufería de la moral, que ahora forma parte, de manera insuperable, de nuestra "carne y sangre", de-

---

11   Santa simplicidad.

forme las palabras en la boca de nosotros mismos aquello que sabemos. No obstante, aquí y allá reconocemos y nos reímos del hecho de que la mejor ciencia sea justamente la que más desea retenernos dentro de este mundo abreviado, totalmente artificial, aparente, falseado, porque ella ama, queriéndolo sin quererlo, el error, porque ella, la que vive, ¡ama la existencia!

25

Después de tan animado preámbulo no desearía que no se escuchara una palabra seria dirigida a los más serios.

¡Tened cuidado, vosotros los filósofos y amigos del conocimiento, y protegeos del martirio! ¡De sufrir "por amor a la verdad"! ¡Hasta de defenderos a vosotros mismos! Daña toda la inocencia y toda la tenue neutralidad de vuestra conciencia, os hace testarudos al enfrentaros a discusiones y trapos rojos, os atonta, os animaliza y os convierte en toros el hecho de que vosotros, al enfrentar el peligro, la calumnia, la sospecha, la reprobación y otras consecuencias aún más groseras de la enemistad, tengáis que terminar presentándoos como protectores de la verdad en la tierra, ¡como si "la verdad" fuera un ser tan indefenso y torpe que necesitara defensores! ¡Y justamente vosotros, caballeros de la tristísima figura, señores míos, mancebos de esquina y urdidores de telarañas del espíritu! ¡En última instancia, bien saben que no puede importar nada el hecho de que seáis esencialmente vosotros quienes tengáis razón, y de igual forma sabéis que hasta ahora ningún filósofo ha tenido aún razón, y que sin duda hay una autenticidad más loable en cada uno de los pequeños signos de interrogación que ponéis detrás de vuestras palabras favoritas y de vuestras doctrinas predilectas (y en momentos, detrás de vosotros mismos), que en todos los gestos pomposos e invencibles argumentos presentados frente a los acusadores y los tribunales! ¡Es mejor que os retiréis! ¡Huid hacia lo oculto! ¡Y tened vuestra máscara y vuestra sutileza para que seáis confundidos con otros! ¡Y os teman un poco! ¡Y no olvidéis el jardín, el jardín con rejas de oro! Y tened a vuestro alrededor hombres que sean igual a un jardín, o a música sobre las aguas en horas del atardecer, cuando el día ya se convierte en recuerdo. ¡Preferid la soledad buena, la soledad libre, traviesa y liviana, la cual también os brinda el derecho a seguir siendo buenos en algún sentido! ¡Qué tóxicos, qué tortuosos, qué malos hace a los hombres cualquier guerra prolongada que no se puede efectuar usando libremente la fuerza! ¡Qué particulares hace a los hombres un miedo prolongado, un tener los ojos fijos en enemigos por largo tiempo, en posibles enemigos!

Estos desterrados de la sociedad, estos acosados por mucho tiempo, hostigados de manera siniestra, también los ermitaños a la fuerza, los Spinoza o los Giordano Bruno siempre terminan convirtiéndose, aunque sea bajo la farsa más espiritual y, posiblemente, sin que ellos mismos lo sepan, en delicados rencorosos y envenenadores (¡desentiérrese alguna vez el cimiento de la ética y de la teología de Spinoza!), para no mencionar esa majadería que es la indignación moral, la que, en un filósofo, es señal infalible de que ha perdido su humor filosófico. El suplicio del filósofo, su "sacrificarse por la verdad", por fuerza expone a luz la parte de alborotador y de comediante que se encontraba escondida dentro de él y admitiendo que hasta este momento solo se haya observado al filósofo con una curiosidad artística, ciertamente puede ser comprensible, con relación a más de uno de ellos, el aventurado deseo de verlo alguna vez en su degeneración: degenerado en "mártir", en hablador del escenario y de la tribuna. Lo único es que quien albergue ese deseo tiene que saber claramente qué es lo que, en cualquier caso, logrará ver aquí: solo una comedia sarcástica, solamente una postrera farsa, únicamente la eterna demostración de que la tragedia extendida y verdadera ha terminado, reconociendo que cualquier filosofía naciente haya sido antes una larga tragedia.

26

Todo hombre distinguido anhela por instinto poseer un castillo y un escondite propios donde quedar libre de la multitud, de los numerosos, de la mayoría, donde tenga derecho a olvidar, ya que él es una excepción de ella, de la regla "hombre", con la sola excepción del caso en que una propensión todavía más fuerte lo lleve directamente hacia esa regla, como hombre de saber en el más grande y excepcional sentido de la expresión. Quien, en su trato con los hombres, no aparezca recubierto, de acuerdo con las situaciones, con todos los colores cambiantes de la necesidad, quien no se ponga verde y gris de náusea, de aburrimiento, de piedad, de melancolía, de soledad, ese no es verdaderamente un hombre de gusto superior, pero presumiendo que no cargue por voluntad con todo ese peso y desagrado, que lo evite constantemente y, como ya hemos señalado, permanezca escondido, callado y orgulloso en su castillo, entonces algo es cierto: no está hecho, no está predestinado para el saber. Ya que si lo estuviera, algún día tendría que decirse "¡que el diablo se lleve mi buen gusto!, ¡pero la regla es más interesante que la excepción, que el yo, que soy la excepción!", y se orientaría hacia abajo, especialmente "hacia dentro". El estudio del hombre medio, un estudio extendido, serio y, para este propósito, mucho disfraz, mucha superación de sí mismo, mucha intimidad, mucha mala compañía: toda compañía es mala, salvo la de nuestros iguales. Esto forma una parte ineludible de la biografía de todo filósofo, acaso la parte más desagradable, la más fétida, la más plagada de desilusiones. Pero si el filósofo tiene suerte, como corresponde a un distinguido del conocimiento, hallará auténticos simplificadores y facilitadores de su tarea, me estoy refiriendo a los llamados cínicos, a saber, aquellos que simplemente reconocen en sí el animal, la ordinariez, la "regla", y cuando lo hacen, aún conservan el grado necesario de espiritualidad y prurito como para tener que hablar sobre ellos y sobre sus iguales frente a testigos. A veces, incluso, se revuelcan en libros igual que en su propio excremento. El cinismo es la única manera en que las almas vulgares se acerquen a lo que es honestidad y el hombre privilegiado tiene que abrir su escucha siempre que choque con un cinismo bastante grosero y sutil, y felicitarse todas las veces que, precisamente frente a él, levanten su voz el bufón desprovisto de pudor o el sátiro científico. Incluso, se dan casos en que la fascinación se mezcla con la náusea, a saber, justo donde, por un antojo de la naturaleza, el genio está unido a uno de esos machos cabríos y monos indiscretos, como sucede con el abate Galiani, el hombre más recóndito, más astuto y, a lo mejor, también el más sucio de su siglo. Era mucho más profundo que Voltaire y, en consecuencia, también mucho menos elocuente. Como ya se ha sugerido, sucede con mucha frecuencia que la cabeza científica está colocada sobre un cuerpo de mono, y un delicado entendimiento de excepción, sobre un alma vulgar, sobre todo, entre médicos y fisiólogos de la moral, un caso nada extraño. Y allí, donde sin aflicción sino más bien despreocupadamente, alguien discuta acerca del hombre como de un vientre con dos necesidades y una cabeza con una sola, en todos los lugares donde alguien no observe, indague, ni quiera apreciar nunca más sino hambre, apetito sexual y pedantería como si estos fueran los verdaderos y únicos resortes de las acciones humanas; en definitiva, allí donde se hable "mal" (*schlecht*) y no solo "perversamente" (*schlimm*) del hombre, quien es amante del conocimiento debe escuchar delicada y atentamente, debe poner sus oídos en todos aquellos sitios en que se hable sin indignación. Pues el hombre indignado y cualquiera que con sus propios dientes se descuartiza y destroza a sí mismo —o, en reemplazo de sí mismo, al mundo, o a Dios, o a la sociedad—, ese hombre tal vez sea superior, de acuerdo con el cálculo de la moral, al sátiro reidor y autosatisfecho, pero en los otros sentidos que es lo más habitual, es más indiferente y menos instructivo. Y nadie engaña tanto como el indignado.

27

Es difícil ser entendido, en particular si uno piensa y vive *gangasrotogati:* "al ritmo del Ganges", entre hombres que piensan y existen de otra manera, a saber, *kurmagati:* "al ritmo de la tortuga" o, en el mejor de los casos, *man-*

deikagati: "según la manera de caminar de la rana". ¿Acabo de hacer todo lo posible para que también sea difícil entenderme a mí?, y debemos estar afablemente reconocidos por nuestra buena voluntad de poner cierta delicadeza en la interpretación. Pero en lo referente a "los buenos amigos", quienes siempre son demasiado cómodos y creen, precisamente por ser amigos, que tienen derecho a la comodidad, hacemos bien en otorgarles de antemano un espacio libre y un ruedo de incomprensión, de esa manera, tenemos algo más de qué reír, o hacemos bien en suprimir del todo a esos buenos amigos ¡y también reír!

28

Lo que peor se traduce de una lengua a otra es el *tempo* de su estilo que tiene su cimiento en el carácter de la raza, o por decirlo fisiológicamente, en el ritmo medio de su "metabolismo". Hay traducciones realizadas honestamente que son casi falsificaciones, pues componen vulgarizaciones involuntarias del original, y eso sencillamente porque no se logró traducir el *tempo* valiente y alegre de este, el *tempo* que está por encima de todo lo que hay de peligroso en cosas y palabras, y contribuye a dejarlo de lado. El alemán no es capaz de usar el *presto* en su lengua, por lo tanto, es válido deducir legítimamente, que tampoco es capaz de muchas de las más entretenidas y temerarias *nuances*[12] del pensamiento libre propias de espíritus libres. Tal como el *buffo*[13] y el sátiro son extraños a su cuerpo y a su conocimiento, así Aristófanes y Petronio le resultan inexpresables. Todo lo serio, pesado, pomposamente torpe, todos los géneros

12   Matices.
13   Bufón.

tediosos y aburridos del estilo están perfeccionados entre los alemanes con nutridísima multiformidad, discúlpenme que lo diga, pues es un hecho, que ni siquiera la prosa de Goethe, con su revoltijo de rigidez y gracia, forma una excepción, ya que esta es reflejo de los "buenos tiempos antiguos" de los que forma parte, y es muestra del gusto alemán en el período en que todavía existía un "gusto alemán", el cual era algo rococó in *moribus et artibus*[14]. Lessing es una excepción, debido a su naturaleza de comediante, que comprendía muchas cosas y era comprendido en infinidad de ellas. Él, que no en vano fue el traductor de Bayle y que le gustaba cobijarse en la proximidad de Diderot y Voltaire y, más bien, entre los creadores de la comedia romana, también en el *tempo* amaba Lessing el librepensamiento, la fuga de Alemania. Pero, cómo podría la lengua alemana imitar, por lo menos en la prosa de un Lessing, el *tempo* de Maquiavelo, quien en su *Príncipe* nos hace aspirar el aire seco y fino de Florencia y no puede dejar de exponer el asunto más formal en un *allegrissimo* apasionado, posiblemente, no sin un pícaro sentimiento de artista por la antítesis que se atrevía a llevar a cabo, los pensamientos eran extensos, pesados, duros, peligrosos, y el *tempo*, de trote y de inmejorable y traviesísimo humor. Finalmente, a quién le sería válido atreverse a realizar una traducción alemana de Petronio, quien ha sido, más que cualquier otro músico hasta el presente, el maestro del *presto*, por sus creaciones, ocurrencias, palabras: ¡qué importancia tienen, a fin de cuentas, todos los pantanos del mundo enfermo, siniestro, incluso del "mundo antiguo", cuando se posee como él, los pies, la exhalación y el aliento, la burla liberadora de un viento que

---

14 En las costumbres y en las artes.

sanea todas las cosas haciéndolas circular! Y en lo referente a Aristófanes, aquel espíritu transfigurador, suplementario, en razón del cual se le excusa a toda Grecia el haber existido, presumiendo que hayamos entendido a cabalidad qué todo en ella es lo que necesita perdón, transformación, yo no sabría señalar cosa alguna que me haya permitido soñar más acerca del secreto de Platón y su naturaleza de esfinge, que este *petit fait* por fortuna conservado, que entre los cojines de su lecho de muerte no se halló ninguna "biblia", ni nada egipcio, ni pitagórico, ni platónico, sino solo a Aristófanes. ¿Cómo habría soportado, incluso un Platón, la vida? ¡Una vida griega, a la que dijo no, sin un Aristófanes!

29

Ser independiente es un asunto de muy pocos. Es un privilegio de los fuertes. Y quien trata de serlo sin tener necesidad, aunque posea todo el derecho a ello, manifiesta que, posiblemente, no solamente es fuerte, sino imprudente hasta el exceso. Penetra en un laberinto, multiplica por miles los peligros que la vida ya encierra en sí. De estos, no es el más pequeño el que nadie observa con sus ojos, cómo y en dónde él mismo se pierde, se aísla y es destrozado pedazo a pedazo por un Minotauro cualquiera de las grutas de la conciencia. Presumiendo que ese hombre muera, esto sucede tan lejos del entendimiento de los hombres que estos ni lo perciben ni compadecen, ¡y él ya no puede regresar!, ¡tampoco puede retroceder ya a la piedad de los hombres!

30

Nuestras intelecciones máximas necesariamente parecen ¡y deben parecer! sandeces y, en ciertas circunstancias, delitos, cuando llegan ilícitamente a oídos de quienes no están preparados ni predestinados para ellas. Lo exotérico y lo esotérico, diferenciación que se hacía remotamente entre los filósofos, tanto entre los indios como entre los griegos, persas y musulmanes, en fin, en cualquier sitio donde se creía en un orden de jerarquías y no en la igualdad y en la igualdad de derechos, no se distinguen tanto entre sí porque el exotérico se encuentre afuera, sea desde afuera y no desde dentro, desde donde él observa, aprecia, mide y califica las cosas, lo fundamental es que él ve las cosas de abajo hacia arriba, ¡el esotérico, en cambio, de arriba hacia abajo! Hay alturas del alma que logran que, observada desde ellas, hasta la tragedia deje de causar un efecto trágico, y si se agrupase en una unidad todo el dolor del mundo, ¿a quién le sería permitido atreverse a concluir si su aspecto provocaría y forzaría obligatoriamente a la compasión y, así, a un redoble del dolor?... Aquello que funciona como alimento o estimulante para una especie superior de hombres tiene que ser prácticamente un veneno para una especie inferior y nada semejante a aquella. Las virtudes del hombre común tal vez representarían vicios y debilidades en un filósofo. Sería probable que un hombre de alta estirpe, solo en el supuesto de que lograra degenerarse y sucumbir, obtuviese propiedades y que debido a ellas fuese necesario venerarlo desde ese instante como un santo en el mundo inferior al que había descendido. Hay libros que poseen un valor contrario para el alma y para la salud, a juzgar que de ellos se valgan el alma inferior, la fuerza vital inferior, o el alma superior y la más poderosa. En el primer caso, son libros dañinos, corrosivos, disolventes, en el segundo, llamadas de heraldo que estimulan a los más valientes a exponer su valentía. Para todos, los libros son libros que siempre huelen mal, el olor de las gentes pequeñas se une a ellos. En los sitios donde el pueblo come y bebe, e incluso, donde rinde devoción, suele apestar. Si queremos respirar aire puro, no debemos entrar en iglesias.

31

En nuestros años mozos, honramos y despreciamos aunque nos faltaba aún aquel arte de la *nuance* constituye el mejor favor de la vida y, como es razonable, tenemos que pagar duramente el haber embestido de esa forma, con un sí y un no, a personas y a cosas. Todo está preparado para que el más vil de todos los gustos, el gusto por lo incondicional, quede atrozmente burlado y deshonrado hasta que el hombre experimente a poner algo de arte en sus sentimientos y, mejor todavía, se atreva a probar lo artificial como hacen los auténticos artistas de la vida. La ira y la adoración, que son asuntos propios de la juventud, parecen no descansar hasta haber falseado tan profundamente a las personas y las cosas que se les haga imposible desahogarse en ellas. La juventud, de por sí, es algo inclinado a falsear y a engañar. Luego, cuando el alma joven, atormentada por puras desilusiones, se vuelve finalmente contra sí misma con recelo, cuando todavía es ardiente y salvaje incluso en su recelo y en sus remordimientos de conciencia: ¡cómo se enfurece consigo misma, cómo se desmorona impacientemente a sí misma, cómo se venga de su extendida autoobcecación, como si esta hubiera sido una ceguera voluntaria! En este lapso de transición nos sancionamos a nosotros mismos por desconfiar de nuestro propio sentimiento, sometemos nuestro entusiasmo al martirio de la duda, y hasta sentimos la buena conciencia como un riesgo, como autodisimulo y como un agotamiento de la honestidad más sutil, por decirlo de algún modo, pero sobre todo, tomamos posición, por principio, en contra de "la juventud". Diez años más tarde… y entendemos que todo eso también ¡continuaba siendo juventud!

32

Durante la etapa más larga de la historia humana —llamada la época prehistórica— el valor o el no valor de una acción fueron nacidos de sus consecuencias, ni la acción en sí, ni tampoco su origen eran tomados en cuenta, sino que, de manera similar a como aún hoy en China un honor o una vergüenza repercuten desde el hijo hasta sus padres, así era la fuerza retroactiva del éxito o del fracaso lo que motivaba a los hombres a pensar bien o mal de una acción. Llamemos a este período el período premoral de la humanidad. El autoritario "¡conócete a ti mismo!", era aún en ese momento desconocido. Por el contrario, en los últimos diez milenios, paso a paso se ha llegado tan lejos, en ciertas grandes superficies de la tierra, que ya no son los resultados, sino el origen de la acción, lo que permitimos que concluya sobre el valor de esta. En conjunto, esto representa un gran suceso, una considerable exquisitez de la visión y del método de medida, la inconsciente consecuencia del dominio de valores aristocráticos y de la fe en el "origen", el rasgo distintivo de un período al que es válido llamar, en sentido estricto, período moral: así queda hecho el primer intento de conocerse a sí mismo. En lugar de las consecuencias, el origen: ¡qué inversión de la perspectiva! ¡Y, con toda seguridad, una inversión obtenida tras extensas luchas e incertidumbres! Por supuesto, una nefasta superstición nueva, una distintiva estrechez de la interpretación lograron obtener el dominio, justo por esto, se interpretó el origen de una acción, en el sentido más exacto del término, como origen procedente de una intención; se decidió creer que el valor de una acción consiste en el valor de su intención. La intención, considerada como procedencia y prehistoria íntegra de una acción. Bajo este prejuicio se ha venido ensalzando, prohibiendo, juzgando y también filosofando, prácticamente, hasta nuestros días. ¿No habríamos llegado nosotros, hoy, a la necesidad de resolvernos a hacer nuevamente, una inversión y un desplazamiento radical de los valores, gracias a una renovada y profunda autognosis del hombre, no nos encontraríamos nosotros, hoy, en el umbral de una etapa que, negativamente, habría que considerar por lo pronto de extramoral, cuando por lo menos entre nosotros los inmoralistas anima la sospecha de que el valor determinante de una acción se encuentra justo en eso que en ella es no intencionado, y de que toda su intencionalidad, todo lo que puede ser observado, sabido, señalado "conscientemente" por la acción, todavía corresponde a su superficie y a su piel, la cual, como toda piel, revela ciertas cosas, pero oculta más cosas aún? En definitiva, nosotros suponemos que la intención es solo un rasgo y un síntoma que necesitan de interpretación, y, además, un rasgo que significa demasiadas cosas y que, por consiguiente, no significa casi nada por sí solo. Creemos que la moral, en el sentido que ha tenido hasta el momento, o sea, la moral de las intenciones, ha sido un prejuicio, un apresuramiento, acaso algo provisional, algo de rango similar al de la astrología y la alquimia, pero en cualquier caso algo que debe ser superado. La superación de la moral y, en cierto sentido, hasta la autosuperación de la moral, posiblemente este sea el nombre que designe esa labor extendida y secreta que ha quedado reservada a las más delicadas y honorables, también a las más sagaces de las conciencias de la actualidad, por ser estas vivas piedras de toque del alma.

33

No hay remedio. Es ineludible exigir cuentas y llevar despiadadamente a juicio los sentimientos de desprendimiento, de abnegación por el prójimo, a la completa moral de la renuncia a sí mismo y hacer lo mismo con la estética de la "observación desinteresada", bajo la que un arte castrado trata de formarse hoy, de modo bastante seductor, una buena conciencia. Hay demasiado hechizo y azúcar en esas emociones de "por los otros", de "no por mí", como para que no fuera forzoso volvernos aquí repetidamente desconfiados y preguntar: "¿No se trata, tal vez, de seducciones?". El hecho de que esos sentimientos encanten a quien los tiene y a quien disfruta sus frutos, además de al simple espectador, no es aún un argumento a favor de ellos, sino que precisamente llama a la cautela. ¡Seamos, entonces, cautos!

34

Cualquiera que sea la postura filosófica que acojamos hoy: observando desde cualquier lugar, la erroneidad del mundo en que imaginamos vivir es lo más indudable y firme de todo aquello de que nuestros ojos pueden todavía apropiarse, a favor de esto hallamos razones y más razones que nos animarían a presumir que existe un principio embaucador en la "esencia de las cosas". Pero, quien otorga responsabilidad a nuestro pensar mismo, o sea, a "el espíritu" de la falsedad del mundo, distinguida escapatoria a la que recurre todo consciente o inconsciente *advocatus Dei*[15], quien piensa que este mundo, así como el espacio, el tiempo, la figura, el movimiento, son deducciones falsas, ese tendría, al menos, una buena razón para aprender finalmente a desconfiar de todo pensar. ¿El pensar no nos habría venido jugando la peor pasada de todas hasta ahora?, ¿y qué garantía existiría de que no seguirá haciendo lo que siempre ha hecho? Con toda seriedad: la inocencia de los pensadores posee algo que es conmovedor y que inspira respeto, y esa inocencia les consiente continuar enfrentándose aún hoy a la consciencia con la súplica de que les dé respuestas honorables, por ejemplo, si ella, la consciencia, es "real", y por qué en verdad está tan resuelta a no saber nada del mundo exterior, y otras preguntas de la misma índole. Creer en "certezas inmediatas" es una pureza moral que nos honra a nosotros los filósofos, pero ¡nosotros no debemos ser hombres "únicamente morales"! ¡Descartando la moral, esa creencia es una majadería que nos honra muy poco! A pesar de que en la vida burguesa se piense que la

---

15 Abogado de Dios.

desconfianza, siempre a punto, es señal de "mal carácter" y, por consiguiente, escasez de inteligencia. Aquí entre nosotros, fuera del mundo burgués, y de su sí y de su no, qué nos detendría de ser poco inteligentes y exclamar: el filósofo tiene derecho al "mal carácter", pues hasta ahora siempre ha sido el ser más burlado sobre la tierra. Hoy, el filósofo tiene la obligación de desconfiar, de observar de reojo, maliciosamente, desde todos los precipicios de la sospecha. Perdóneseme la broma de esta caricatura y el giro sombrío, pues justamente yo mismo he aprendido, desde hace mucho tiempo, a pensar de otra manera, a juzgar de otra manera sobre el engañar y el ser engañado, y tengo listos al menos un par de empujones para la rabia ciega con la que los filósofos se oponen a ser engañados. ¿Por qué no? Que la verdad valga más que la apariencia, no es más que un prejuicio moral, incluso, es la hipótesis peor demostrada que existe en el mundo. Confesemos al menos una cosa, no habría vida alguna a no ser sobre el fundamento de las apreciaciones y las apariencias perspectivistas, y si alguien, empujado por la honesta animación y majadería de más de un filósofo, quisiera borrar del todo el "mundo aparente", entonces, imaginando que vosotros pudierais hacerlo, ¡tampoco quedaría ya nada de su "verdad"! Sí, ¿qué es aquello que nos obliga a suponer que hay una antítesis fundamental entre "verdadero" y "falso"? ¿No basta con suponer niveles de apariencia y, por decirlo de alguna manera, sombras y tonos generales, más claros y más oscuros, de la apariencia, *valeurs* distintos, para decirlo en el lenguaje de los pintores? ¿Por qué el mundo que nos atañe en algo no sería una ficción? Y si alguien pregunta: "¿Es que la ficción no forma parte de un autor?", ¿no sería válido responderle con franqueza: por qué? ¿Tal vez ese "forma parte" no es parte de la ficción? ¿Es que ya no es válido ser algo irónico con el sujeto, así como con el complemento y el predicado? ¿No le sería permitido al filósofo alzarse por encima de la credulidad en la gramática? Todo nuestro respeto para las gobernantas, pero, ¿no sería momento de que la filosofía abandone la fe en las gobernantas?

35

¡Oh, Voltaire! ¡Oh, humanitarismo! ¡Oh, estupidez! La "verdad", la búsqueda de la verdad, es un asunto difícil, y si el hombre tiene aquí un comportamiento demasiado humano, *il ne cherche le vrai que pour faire de bien*[16], ¡apuesto a que no hallará nada!

36

Presumiendo que lo único que esté "dado" en realidad sea nuestro mundo de deseos y pasiones, imaginando que nosotros no podamos bajar o elevarnos a ninguna otra "realidad" más que solo a la realidad de nuestros instintos, pues pensar es solamente un vincularse de esos instintos entre sí: ¿no está permitido hacer el intento y hacer la pregunta de si eso dado no es suficiente para entender también, partiendo de lo igual a ello, el llamado mundo mecánico —o "material"—? Es decir, imaginar este mundo no como un espejismo, una "apariencia" o una "representación" (en el sentido de Berkeley y Schopenhauer), sino como algo que posee idéntico grado de realidad que el que poseen nues-

16 Él no busca la verdad más que para hacer el bien.

tros afectos, como una manera más torpe del mundo de los afectos, en el que todavía está englobado, en una vigorosa unidad, todo aquello que después, en el proceso orgánico, se bifurca y se configura, y también, como es evidente, se mitiga y debilita, igual que una forma de vida instintiva en la que todas las funciones orgánicas: la autorregulación, la asimilación, la alimentación, la secreción, el metabolismo, están sintéticamente unidas entre sí, igual que una forma previa de la vida? En último lugar, no es que únicamente esté permitido hacer ese intento, es que, observado desde la conciencia del método, es una obligación hacerlo. No reconocer distintas especies de causalidad mientras no se haya llevado hasta su límite extremo (hasta el absurdo, dicho sea de paso) el intento de bastarnos con una sola, esta es una moral del método de la que no es lícito sustraerse actualmente, como diría un matemático es algo que sigue "de su definición". En último lugar, el asunto consiste en si nosotros aceptamos que la voluntad es verdaderamente algo que actúa, en si nosotros suponemos la causalidad de la voluntad, en si lo creemos y en el fondo la creencia en esto es completamente nuestra creencia en la causalidad misma, entonces, debemos hacer el intento de reflexionar hipotéticamente que la causalidad de la voluntad es la única. La "voluntad", naturalmente, no puede intervenir más que sobre la "voluntad" y no sobre "materias" (no sobre "nervios", por ejemplo), en definitiva, hay que atreverse a elaborar la hipótesis de que, en todos esos lugares donde estamos de acuerdo en que hay "efectos", una voluntad interviene sobre otra voluntad, de que todo hecho mecánico, en la medida en que actúa una fuerza sobre él, es justamente una fuerza de la voluntad, un efecto de la voluntad. Presumiendo, finalmente, que se lograra explicar nuestra vida instintiva completamente, como el incremento y la bifurcación de una única forma básica de voluntad, es decir, de la voluntad de poder como dice mi teoría; suponiendo que fuera factible reducir todas las funciones orgánicas a esa voluntad de poder y que en ella también se encontrara la solución al problema de que la procreación y la nutrición es un único problema, habríamos conseguido, por lo tanto, el derecho a definir sin equivocación toda fuerza agente como voluntad de poder. El mundo observado desde adentro, el mundo determinado y propuesto en su "carácter inteligible", sería absolutamente "voluntad de poder" y solo eso.

37

"¿Cómo? ¿No significa esto? Para hablar de modo popular ¿está impugnado Dios, pero no el diablo?" ¡Por el contrario! ¡Por el contrario, amigos míos! ¡Y qué diablos!, ¡quién os obliga a vosotros a hablar de modo popular!

38

Lo mismo que ha sucedido últimamente, a plena luz de los tiempos actuales con la Revolución francesa, ese drama horrible y, observado de cerca, superfluo, dentro del cual, no obstante, los espectadores distinguidos y exaltados de toda Europa que lo veían desde lejos han venido proyectando durante largo tiempo y de modo muy apasionado la interpretación de sus propias rabias y arrebatos, hasta que el texto se esfumó bajo la interpretación. También podría suceder que un porvenir noble malinterpretara en algún momento el pasado entero y tal vez de esa manera hiciera tolerable —por primera vez— su aspecto. O más bien: ¿eso no ha sucedido ya?, ¿no fuimos nosotros mismos ese "porvenir noble"? ¿Y completamente ahora, en la medida en que nosotros nos hemos dado cuenta de ello, no es eso algo pasado ya?

39

Nadie tendrá fácilmente por cierta una doctrina solamente porque esta haga felices o virtuosos a los hombres: salvo, tal vez, los queridos "idealistas", que se encantan con lo bueno, lo auténtico, lo hermoso, y que hacen nadar juntas en su estanque todas las variadas especies de rústicas y candorosas idealidades multicolores. La felicidad y la integridad no son argumentos. Pero a la gente, así como a los espíritus reflexivos, les gusta olvidar que el hecho de que algo haga poco felices y malvados a los hombres, tampoco es un argumento en contra. Algo podría ser auténtico, aunque resultara nocivo y peligroso en grado extremo, incluso, podría suceder que el que nosotros fallezcamos por motivo de nuestro conocimiento total fuera parte de la naturaleza básica de la existencia, de tal manera que la fortaleza de un espíritu sería medida exactamente por la cantidad de "verdad" que tolerase o, dicho más claramente, por el nivel en que necesitara que la verdad quedara disuelta, encubierta, endulzada, debilitada, falseada. Pero no hay ninguna duda de que, para revelar ciertas partes de la verdad, los infames y los infelices están mejor provistos y tienen más posibilidades de lograr el éxito, para no mencionar a los malvados que son felices, *species* que los moralistas franquean en silencio. Para la creación del espíritu y filósofo fuerte e independiente, es posible que la dureza y la astucia brinden condiciones más favorables que aquella suave, candorosa, delicada, complaciente y aquella maestría de asumir todo a la ligera, cosas ambas que la gente estima, y estima con razón en un erudito. Suponiendo, y esto es algo anterior, que no se limite el concepto de "filósofo" al filósofo que escribe libros ¡o que incluso traslada su filosofía a los libros! A la imagen del filósofo de espíritu libre. Stendhal, añade un último rasgo que yo no quiero dejar de recalcar en razón del gusto alemán, pues ese rasgo va justamente contra el gusto alemán. *Pour être bon philosophe,* dice este último gran psicólogo, *il faut être sec, clair, sans illusion. Un banquier, qui a fait fortune, a une partie du caractère requis pour faire des découvertes en philosophie, c'est-à-dire pour voir clair dans ce qui est*[17].

40

Todo lo que es recóndito ama la máscara. Las cosas más insondables de todas sienten odio incluso por la imagen y el parecido. ¿No sería la antítesis, tal vez, el disfraz apropiado con que caminaría el recato de un dios? Esta es una pregunta digna de ser hecha. Sería inaudito que ningún místico hubiera osado a hacer algo así consigo mismo. Hay hechos de tipo tan delicado que se actúa bien al recubrirlos y hacerlos irreconocibles con una grosería. Hay acciones hechas por amor y por una generosidad tan desbordante

---

17   Para ser un buen filósofo hace falta ser seco, claro, sin ilusiones. Un banquero, que haya hecho fortuna, posee una parte del carácter necesario para hacer descubrimientos en filosofía, es decir, para ver claramente aquello que es.

que después de ellas nada resulta más recomendable que tomar un bastón y apalear firmemente al testigo visual con el fin de ofuscar su memoria. Más de uno es especialista en ofuscar y maltratar a su propia memoria, para al menos desquitarse de ese único enterado: el pudor es generoso en invenciones. No son las cosas peores aquellas de las que más nos avergonzamos, no es solo falsedad lo que se esconde detrás de una máscara, hay mucha clemencia en la astucia. Yo podría imaginar que un hombre que tuviera que esconder algo hermoso y frágil girase por la vida, grueso y redondo, igual que un verde y viejo barril de vino de pesados aros, así lo desea la exquisitez de su pudor. A un hombre que tenga profundidad en el pudor y también en sus destinos, y también en sus decisiones más finas, le salen al encuentro, en caminos a que pocos alcanzan alguna vez y cuya existencia no les es válido conocer ni a sus más cercanos e íntimos, a los ojos de estos queda escondido el peligro que corre su vida, igual que su recuperada seguridad vital. Tal escondido, que por intuición usa el hablar para callar y silenciar, y que es incansable en escapar de la comunicación, desea e intenta que sea una máscara suya lo que transite en lugar de él por los corazones y cabezas de sus amistades, y suponiendo que no lo desee, algún día abrirá los ojos y observará que, a pesar de todo, allí está una máscara suya y que es bueno que así sea. Todo espíritu recóndito necesita una máscara, es más, alrededor de todo espíritu recóndito continuamente va creciendo una máscara gracias a la interpretación permanentemente falsa, o sea, superficial, de toda palabra, de todo paso y de toda muestra de vida que él da.

41

Tenemos que darnos pruebas a nosotros mismos de que estamos orientados a la independencia y al mando, y hacer esto a tiempo. No debemos evadir nuestras pruebas, a pesar de que ellas sean, tal vez, el juego más peligroso que se pueda jugar, y sean, en último grado, únicamente pruebas que mostramos frente a nosotros mismos como testigos, y frente a ningún otro juez. No quedar ligados a ninguna persona, aunque sea la más amada. Toda persona es una prisión y también un rincón. No quedar ligados a ninguna patria, aunque sea la que más padezca y la más necesitada de ayuda, es menos difícil desvincular nuestro corazón de una patria gloriosa. No quedar ligados a ninguna compasión, aunque esté dirigida a hombres superiores, en cuyo inusual tormento y desamparo un azar logró que nosotros fijemos nuestra mirada. No quedar ligados a ninguna ciencia, aunque nos atraiga hacia ella con los descubrimientos más admirables, al parecer reservados justamente para nosotros. No quedar ligados a nuestro propio desapego, a aquella sensual lejanía y extranjería del ave que vuela cada vez más lejos hacia la altura, con la intención de observar cada vez más cosas por debajo de sí: peligro del que vuela. No quedar ligados a nuestras virtudes ni transformarnos, totalmente, en víctima de cualquiera de nuestras particularidades, por ejemplo, de nuestra "hospitalidad": ese es el peligro de los peligros para los espíritus ricos y de alto linaje, los cuales se tratan a sí mismos con abundancia, casi con indiferencia, y trasladan tan lejos la virtud de la liberalidad que la transforman en un vicio. Hay que saber contenerse, esta es la más intensa prueba de independencia.

42

Un nuevo género de filósofos está surgiendo en el horizonte, yo me atrevo a llamarlos con un nombre no libre de peligros. De la manera en que yo los adivino —así como ellos se dejan adivinar— forma parte de su naturaleza el querer continuar siendo incógnitas en algún punto. Esos filósofos del futuro podrían ser nombrados con razón, y posiblemente también sin razón: tentadores. Este nombre es, en última instancia, únicamente un ensayo y, si se quiere, una tentación.

43

¿Son esos filósofos del futuro nuevos amigos de la "verdad"? Es muy probable, pues todos los filósofos, hasta ahora, han amado sus verdades. Pero con toda seguridad no serán dogmáticos. A su orgullo y también a su gusto, tiene que darles asco el que su verdad deba continuar siendo una verdad para cualquiera, cosa que hasta ahora ha sido el deseo oculto y el sentido más oculto de todas las aspiraciones dogmáticas. "Mi juicio es mi juicio, no es cómodo que otro también tenga derecho a él" dice, posiblemente, ese filósofo del futuro. Hay que alejar de nosotros el mal gusto de querer estar de acuerdo con muchos. "Bueno", no es ya bueno cuando la ponzoña toma esa palabra en su boca. ¡Y cómo podría haber un "bien común"! La expresión se refuta a sí misma. Aquello que puede ser común siempre posee poco valor. En último lugar, las cosas tienen que ser así como son y así como han sido siempre. Las grandes cosas están reservadas para los grandes, los abismos para los profundos, las exquisiteces y conmociones para los sutiles y, en general, y dicho con brevedad, todo lo extraño a los extraños.

44

Después de todo esto, ¿necesito decir explícitamente que esos filósofos del futuro también serán espíritus libres, muy libres, con la misma certeza de que tampoco serán simples espíritus libres, sino algo más, algo más sublime, más grandioso y más radicalmente distinto, que no desea ser malentendido ni confundido con otras cosas? Pero al mencionar esto siento para con ellos, casi con la misma fuerza con que lo siento para con nosotros, ¡nosotros que somos sus mensajeros y predecesores, nosotros los espíritus libres!, la obligación de disipar y alejar de nosotros, en conjunto, un antiguo y estúpido prejuicio y malentendido que, como una niebla, ha convertido en impenetrable el concepto de "espíritu libre durante sobrado tiempo". En todos los países de Europa, e igualmente en América, hay personas que ahora abusan de ese nombre, una especie de espíritus muy delgada, muy recluida, muy encadenada, que desean, aproximadamente, lo opuesto a lo que se encuentra en nuestras intenciones e instintos, para no decir que, en lo que respecta a esos filósofos nuevos que están surgiendo en el horizonte, ellos tienen que ser como ventanas cerradas y puertas con la cerradura corrida. Para expresarlo pronto y mal, niveladores es lo que son esos erróneamente llamados "espíritus libres", igual que esclavos elocuentes y plumíferos que son del agrado democrático y de sus "pensamientos modernos". Todos ellos son hombres faltos de soledad, de soledad propia; lerdos y valientes mozos a los que no se les debe refutar ni su valor ni sus costumbres respetables, pero es que son, íntegramente, gente no libre y absurdamente superficial, especialmente, en su tendencia básica a creer que las formas de la vieja sociedad existente hasta el presente son más o menos la razón de toda miseria y fracaso humanos: ¡con lo que la verdad viene a quedar alegremente cabeza abajo! A lo que ellos desearían aspirar con todas sus ganas es a la universal y verde felicidad prado del rebaño, llena de seguridad, libre de riesgos, colmada de bienestar y de facilidad de vivir para todo el mundo. Sus dos canciones y doctrinas más veces canturreadas se llaman, "igualdad de derechos" y "compasión con todo lo que sufre" y el sufrimiento es apreciado por ellos como algo que se debe eliminar. Nosotros, los contrarios a ellos, que hemos abierto nuestros ojos y nuestra conciencia a la dificultad de en qué sitio y de qué manera ha venido la planta "hombre" desarrollándose hacia la altura de la forma más vigorosa hasta hoy, consideramos que esto ha sucedido siempre en condiciones adversas, consideramos que, para que esto ocurriese, la peligrosidad de la situación tuvo que crecer antes de modo gigantesco, que su energía de creación y fingimiento —su "espíritu"— tuvo que desarrollarse, bajo una presión y una coacción extendidas, hasta transformarse en algo sutil y temerario, que su energía de vivir tuvo que aumentar hasta llegar a la voluntad incondicional de poder. Nosotros consideramos que dureza, violencia, esclavitud, peligro en la calle y en los corazones, ocultación, estoicismo, arte de tentador y diabluras de todo tipo; que todo lo ruin, espantoso, tiránico, todo lo que de bestia rapaz y de serpiente existe en el hombre sirve para la elevación de la especie "hombre", tanto como su opuesto, y cuando decimos únicamente eso ni siquiera decimos bastante, y, en cualquier caso, con nuestro hablar y nuestro callar nos encontramos en este sitio, en el otro extremo de toda doctrina moderna y de todos los anhelos gregarios ¿siendo posiblemente sus antípodas? ¿Cómo puede ser extraño que nosotros, los "espíritus libres", no seamos justamente los espíritus más expresivos?, ¿que no pretendemos delatar, en la totalidad de los aspectos, de qué es lo que puede liberarse un espíritu y cuál es el sitio hacia el que posiblemente se vea empujado entonces? Y en lo relativo a la peligrosa fórmula "más allá del bien y del mal", con la que, al menos, impedimos ser confundidos con otros, nosotros somos algo diferente a los *libres penseurs*, *liberi pensatori*, *Freidenker* o como les guste llamarse a todos esos audaces abogados de las "ideas modernas". Hemos tenido nuestra estancia, o al menos nuestro hospedaje, en muchos países del espíritu, hemos huido una y otra vez de los mohosos y encantadores rincones en que el amor y el odio anticipados, la juventud, la estirpe, el azar de hombres y los libros, incluso, el agotamiento de la peregrinación parecían recluirnos; estamos llenos de malicia frente a las adulaciones de la dependencia que reposan ocultos en los honores, o en el dinero, o en los cargos, o en el frenesí de los sentidos; hasta estamos agradecidos por la pobreza y por la variable enfermedad, porque siempre nos separaron de una norma cualquiera y de su "prejuicio", estamos agradecidos a Dios, al diablo, al cordero y al gusano que vive en nosotros, curiosos hasta el vicio, investigadores hasta la crueldad, dotados de dedos sin miramientos para asir lo inasible, de dientes y estómagos para digerir lo indigerible, preparados para todo oficio que reclame perspicacia y sentidos agudos, prontos a cualquier atrevimiento, gracias a una opulencia de "voluntad libre", dotados de prealmas y postalmas en cuyos últimos objetivos no le es sencillo penetrar a nadie con su mirada, repletos de prerazones y postrazones que a ningún pie le es válido transitar hasta el final escondido bajo las vestiduras de la luz, conquistadores aunque parezcamos herederos y derrochadores, seleccionadores y coleccionadores de mañana y tarde, tacaños de nuestras riquezas y de nuestros cajones totalmente llenos, sobrios en el aprender y olvidar, diestros en inventar esquemas, a veces presuntuosos de las tablas de categorías, en ocasiones pedantes, en ocasiones búhos del trabajo hasta en pleno día y, si es necesario, hasta espantapájaros. Y hoy es riguroso, a saber, en la medida en que nosotros somos los amigos originarios, jurados y entusiastas de la soledad, de nuestra propia soledad, la más profunda, la más de media noche, la más de medio día: ¡esa clase de hombres somos nosotros, nosotros los espíritus libres!, ¿y a lo mejor vosotros también sois algo de eso, vosotros los que estáis viniendo?, ¿vosotros los nuevos filósofos?

TERCERA PARTE

EL SER RELIGIOSO

45

El alma humana y sus fronteras, el ámbito de las experiencias humanas interiores alcanzado en general hasta el presente, las alturas, profundidades y lejanías de esas experiencias, la historia completa del alma hasta este instante y sus posibilidades no apuradas todavía. Ese es el coto de caza consagrado para un psicólogo nato y amigo de la "caza mayor". Pero, con cuánta insistencia tiene que decirse, desalentado, "¡uno solo!, ¡ay, solamente uno!, ¡y este inmenso bosque, esta selva virgen!". Y por esa razón desea tener cientos de monteros y refinados y doctos rastreadores para poder lanzarlos detrás de la historia del alma humana y cobrar su pieza en ella. Para nada, una y otra vez hace la amarga y radical comprobación de que es difícil hallar auxiliares y perros para todas aquellas cosas que justamente estimulan su curiosidad. El problema con que se encuentra al enviar eruditos a los cotos de caza nuevos y peligrosos, en los que se necesitan valor, inteligencia y sutileza en todos los sentidos, consiste en que ellos dejan de ser aprovechables esencialmente allí donde empieza la "caza mayor", pero también el mayor peligro, precisamente allí es donde ellos pierden sus ojos y su hocico de sabuesos. Por ejemplo, para adivinar e indagar cuál es la historia que el problema de la ciencia y de la conciencia ha enfrentado hasta ahora en el alma de los *homines religiosi*[18] podría ser necesario,

---

18 Hombres religiosos.

tal vez, ser uno mismo tan hondo, estar tan herido, ser tan enorme como lo fue y se halló la conciencia intelectual de Pascal y, después, siempre seguiría haciendo falta aquel cielo abierto de espiritualidad luminosa, maliciosa, capaz de someter, dictaminar, reducir a fórmulas desde arriba, ese hervidero de experiencias peligrosas y dolorosas. ¡Pero quién me ofrecería a mí ese servicio! ¡Y quién tendría el tiempo de esperar a tales servidores! ¡Está claro que surgen demasiado raramente, son muy poco probables en cualquier época! En última instancia, uno tiene que hacerlo todo por uno mismo para saber ciertas cosas, en otras palabras, ¡uno tiene mucho que hacer! Pero, una curiosidad como la mía no deja de ser el más encantador de todos los vicios —¡perdón!—, he querido decir, que el amor a la verdad tiene su premio en el cielo y también en la tierra.

46

Esa fe que el primer cristianismo demandó y alcanzó, no extrañas veces en medio de un mundo de escépticos y librepensadores mediterráneos que tenía detrás de sí, y dentro de sí una lucha de siglos de escuelas filosóficas, a lo que hay que sumar la instrucción para la tolerancia que procuraba el *Imperium Romanum*, esa fe no es aquella ingenua y adusta fe de súbditos, con la cual adoraron a su Dios y a su cristianismo, valga decir, un Lutero o un Cromwell o cualquier otro nórdico bárbaro del espíritu; por el contrario, ya era aquella fe de Pascal, que de forma espantosa asemeja un continuo suicidio de la razón, de una razón obstinada, anciana, similar a un gusano que no se deja matar de una sola vez y de un solo golpe. La fe cristiana es, desde su inicio, sacrificio, sacrificio de toda libertad, de todo orgullo, de toda autocerteza del espíritu, e igualmente, acatamiento y escarnio de uno mismo, mutilación de uno mismo. Hay crueldad y hay fenicismo religioso en esa fe, demandada a una conciencia debilitada, complicada y muy mimada, su presupuesto es que la subordinación del espíritu genera un dolor inenarrable, que el pasado todo y todas las costumbres de espíritu similar se contraponen a ese *absurdissimum* que se le muestra como "fe". Los hombres modernos, con su entumecimiento para toda la nomenclatura cristiana, no experimentan ya la horrenda superlatividad que existía para un gusto antiguo en la paradoja de la fórmula "Dios en la cruz". Nunca, ni en ningún sitio, había existido hasta ese momento un atrevimiento igual al invertir las cosas, nunca ni en ningún sitio se había proporcionado algo tan espantoso, interrogativo y confuso como esa fórmula. Ella prometía una transvaloración de todos los viejos valores. De esa forma el Oriente, el profundo Oriente, el esclavo oriental, fueron quienes se vengaron de Roma y de su noble y frívola tolerancia del "catolicismo" romano de la fe, y nunca fue la fe, sino la libertad de cara a la fe, aquella semiestoica y risueña despreocupación frente a la seriedad de la fe lo que levantaba a los esclavos contra sus señores. La "ilustración" subleva, ciertamente, el esclavo desea lo incondicional, entiende solo lo tiránico también en la moral, ama del mismo modo que odia, sin *nuance*, a fondo, hasta el sufrimiento, hasta la enfermedad, su considerable y escondido sufrimiento se subleva contra el gusto de la nobleza que parece ignorar el sufrimiento. El escepticismo con relación al sufrimiento, que en el fondo es únicamente un afectado atributo de la moral aristocrática, ha favorecido en mucho a la génesis de la última gran rebelión de esclavos, que comenzó con la Revolución francesa.

47

Hasta ahora, dondequiera que ha surgido en la tierra la neurosis religiosa, la hallamos unida a tres peligrosas disposiciones dietéticas: soledad, ayuno y abstinencia sexual, pero sin que sea posible resolver con seguridad cuál es la causa y cuál es el efecto, y si, absolutamente, hay aquí una relación de causa y efecto. Lo que permite esta última duda es el hecho de que en su totalidad uno de los síntomas más usuales de esa neurosis, tanto en los poblados salvajes como en los domesticados, es además la lascivia más repentina y desenfrenada, la que después se transforma, de manera igualmente repentina, en temblores de penitencia y en una negación del mundo y de la voluntad. ¿Las dos cosas serían tal vez interpretables como epilepsia encubierta? Pero en ningún otro territorio deberíamos inhibirnos tanto de las interpretaciones como aquí. No existe ningún tipo alrededor del cual haya proliferado hasta el momento tal cantidad de absurdos y supersticiones, ningún otro tipo parece haber atraído más a los hombres hasta este momento, incluso a los filósofos, sería tiempo de mostrarse algo frío justamente aquí, de mostrar cautela o, mejor aún, de apartar la vista, de alejarse de aquí. En el trasfondo de la última filosofía que ha surgido, la schopenhaueriana, se encuentra todavía, casi determinando el problema en sí, ese horrible signo de interrogación que son la crisis y el renacer religiosos. ¿Cómo es posible negar la voluntad?, ¿cómo es posible el santo? Esta parece haber sido de verdad la pregunta gracias a la que Schopenhauer comenzó y por la que se hizo filósofo. Y de este modo fue una consecuencia auténticamente schopenhaueriana que su seguidor más convencido (y tal vez, también el último, en lo que a Alemania se refiere), es decir, Richard Wagner, terminara ahí precisamente la obra de toda su vida y terminara llevando a escena, en la figura de Kundry, ese tipo espantoso y perpetuo, *tipe vécu*[19], en carne y hueso, en la misma época en que los doctores alienistas, de casi todos los países de Europa, tenían oportunidad de estudiarlo de cerca, en cualquier lugar en que la neurosis religiosa o, según lo llamo yo, "el ser religioso" tuvo en el "Ejército de Salvación" su última incursión y aparición epidémicas. No obstante, si se pregunta, qué es en verdad lo que en el completo fenómeno del santo ha sido tan irresistiblemente atrayente a los hombres de toda índole y de todo tiempo, del mismo modo a los filósofos, eso es, indudablemente, la apariencia de milagro que tiene consigo, es decir, la apariencia de una cercana sucesión de antítesis, de estados psíquicos de apreciación moral antitética. Se suponía agarrar con las manos, aquí, el hecho de que de un "hombre malo" brotara de repente un "santo", un hombre bueno. La psicología existente hasta ahora ha fracasado en este punto, ¿y no habrá sucedido esto, esencialmente, porque ella se había situado bajo el dominio de la moral, porque ella misma creía en las antítesis morales de los valores, y proyectaba dichas antítesis sobre la visión, sobre la lectura, sobre la interpretación del texto y del hecho? ¿Cómo? ¿Sería el "milagro" solamente un error de interpretación? ¿Una falta de filología?

---

19   Tipo vivido.

48

Parece que para las razas latinas su catolicismo les es más auténtico y propio, que el cristianismo entero en general para nosotros los hombres del Norte, y que, como resultado, la incredulidad en los países católicos ha de representar algo completamente diferente que en los países protestantes a saber, una cierta rebelión contra el espíritu de la raza, mientras que para nosotros es en cambio un retorno al espíritu (o falta de espíritu) de la raza. Nosotros, los hombres del Norte, procedemos sin duda de razas bárbaras, igualmente en lo referente a nuestras dotes para la religión. Nosotros nos encontramos mal dotados para la religión. Por ello es válido hacer una excepción con los celtas, quienes han suministrado también el mejor terreno para el recibimiento de la infección cristiana en el Norte. En Francia es donde el ideal cristiano ha alcanzado su total florecimiento, en la medida en que el demacrado sol del Norte lo ha permitido. ¡Cuán inusualmente piadosos siguen siendo, para nuestro gusto incluso, los últimos escépticos franceses en la medida en que en su linaje se encuentra algo de sangre celta! ¡Qué aroma tan católico, tan no alemán posee para nosotros la sociología de Auguste Comte con su lógica romana de las inclinaciones! ¡Qué aroma jesuítico desprende aquel cordial e inteligente cicerone de Port Royal, Sainte-Beuve, a pesar de todo su antagonismo contra los jesuitas! Y el mismo Ernest Renan, ¡cuán poco accesible se nos hace a nosotros, los hombres del Norte, el lenguaje de ese Renan, en el que, a cada momento, una chispa cualquiera de tensión religiosa hace que su alma pierda el equilibrio, alma voluptuosa en el sentido delicado y amoroso de la comodidad! Basta con decir tras él estas hermosas frases suyas, ¡y cuánta maldad y vanidad se agitan de inmediato, como respuesta, en nuestra alma, posiblemente menos bella y más dura, o sea, más alemana! *disons donc hardiment que la religion est un produit de l'homme normal, que l'homme est le plus dans le vrai quand il est le plus religieux et le plus assuré d'une destinée infinie... C'est quand il est bon qu'il veut que la vertu corresponde à un ordre éternel, c'est quand il contemple les choses d'une manière désintéressée qu'il trouve la mort révoltante et absurde. Comment ne pas supposer que c'est dans ces moments-là, que l'homme voit le mieux?...*[20] Estas frases son tan antipódicas de mis oídos y de mis costumbres que, cuando las hallé, mi primera corriente de cólera escribió al margen: *la niaiserie religieuse par excellence!*[21] ¡Hasta que mi última corriente de rabia terminó por hacerme agradables esas frases, con su verdad puesta cabeza abajo! ¡Resulta tan elegante, tan sofisticado, tener antípodas propios!

49

Lo que nos deja sorprendidos en la religiosidad de los antiguos griegos es la indomable profusión de agradecimiento que de ella surge. ¡Es una especie muy noble de hombre la que acoge esa actitud frente a la naturaleza y

---

20   Digamos, pues, resueltamente, que la religión es un producto del hombre normal, que el hombre está tanto más en lo verdadero cuanto más religioso es y cuanto más seguro está de un destino infinito... Cuando es bueno, desea que la virtud corresponda a un orden eterno; cuando observa las cosas de una forma desinteresada, encuentra que la muerte es indignante y absurda. ¿Cómo no suponer que es en estos momentos cuando el hombre ve mejor?

21   ¡La bobería religiosa por excelencia!

frente a la vida! Luego, cuando la plebe alcanza la superioridad en Grecia, se expande el recelo también en la religión y el cristianismo se estaba organizando.

50

La pasión por Dios: de ella hay pasiones rústicas, cándidas e importunas; así la de Lutero, el protestantismo completo, no posee la *delicatezza* meridional. En ella se encuentra ese oriental estar fuera de sí que se muestra en un esclavo agraciado o elevado sin merecerlo, por ejemplo, en San Agustín, quien carece de manera ofensiva, de toda nobleza de gestos y de deseos. En ella, se encuentra una sutileza y lujuria femeninas que de manera decorosa e ignorante desean une *union mystica et physica*, como sucede en *Madame de Guyon*. En muchos casos la ya mencionada pasión se muestra, muy curiosamente, como disfraz de la adolescencia de una muchacha o de un joven; a veces, incluso, como histeria de una solterona y también como el último deseo de esta. Ya en varias oportunidades la Iglesia ha santificado a la mujer en una situación así.

51

Hasta el presente los hombres más poderosos siempre han estado inclinándose con respeto frente al santo como frente al enigma del vencimiento de sí y de la renuncia intencional y suprema: ¿por qué se inclinaban? Vislumbraban en él y, por decirlo de algún modo, detrás del signo de interrogación de su aspecto frágil y miserable la fuerza suprema que en ese vencimiento quería ponerse a prueba a sí misma, la fuerza de la voluntad en la que ellos encontraban y sabían admirar su propia fuerza y su propio gozo de señores. Honraban algo de ellos mismos cuando honraban al santo. A esto se agrega que el "espectáculo de un santo los volvía maliciosos, semejante aberración de negación, de antinaturaleza, no será anhelada en vano, así se decían, preguntándose cosas. ¿Es que hay una razón para hacer eso, un peligro inmenso, que el penitente conoce más de cerca, gracias a sus ocultos consoladores y visitantes? En resumen, los poderosos del mundo descubrían un nuevo temor en presencia del santo, divisaban un nuevo poder, un enemigo inusual, no sojuzgado todavía: la "voluntad de poder" era la que los forzaba a detenerse frente al santo. Tenían que preguntarle cosas.

52

En el "Antiguo Testamento" judío, el cual es el libro de la justicia divina; hombres, cosas y discursos tienen un estilo tan extraordinario que las escrituras griegas e indias no tienen nada que colocar a su lado. Con pánico y respeto nos paralizamos ante ese inmenso residuo de lo que, en otro tiempo, fue el hombre y al hacerlo nos sorprenderán pensamientos tristes sobre la antigua Asia y sobre Europa, su pequeña península adelantada, la cual, frente a Asia, simbolizaría el "progreso del hombre". Indudablemente, quien por su parte, no es otra cosa que un flaco y dócil animal doméstico y no tiene más que necesidades de animal doméstico (igual que nuestros hombres cultos de hoy, comprendidos los cristianos del cristianismo "culto"), ese no ha de sorprenderse ni tampoco afligirse. Debajo de aquellos escombros, el gusto por el Antiguo Testamento es una piedra de toque con relación a lo "grande" y a lo "pequeño". Posiblemente ese hombre seguirá creyendo que el Nuevo Testamento, el libro de la gracia, es más acorde a su corazón (hay en él mucho del legítimo olor tierno y asfixiante que exhalan los rezadores y las almas pequeñas). El haber empastado este Nuevo Testamento —que en todos los sentidos es una especie de rococó del gusto— con el Antiguo Testamento creando un solo libro llamado la "Biblia", el "Libro en sí", posiblemente, esta sea la mayor temeridad y el mayor "pecado contra el espíritu" que la Europa literaria cargue sobre su conciencia.

53

¿Por qué el ateísmo actual? "El padre" está profundamente objetado en Dios, además "el juez" y "el remunerador". Igualmente, su "voluntad libre" no escucha y, si escuchara, no sabría dar ayuda a pesar de todo. Lo peor es que parece incapaz de comunicarse claramente, ¿será que es oscuro? Esto es lo que yo he investigado como motivos de la decadencia del teísmo europeo, extrayéndolo de múltiples conversaciones, preguntando, escuchando. Efectivamente, a mí me parece que la tendencia religiosa está en un momento de intenso crecimiento, pero que el instinto objeta, con intensa desconfianza, justo la complacencia teísta.

54

¿Qué es, entonces, lo que en realidad hace la entera filosofía moderna? Desde Descartes y, evidentemente, más a

pesar de él que sobre la base de su precursor, todos los filósofos con la intención de efectuar una crítica del concepto
de sujeto y de predicado, perpetran un atentado contra
el antiguo concepto del alma, es decir, un atentado contra el postulado fundamental de la enseñanza cristiana. La
filosofía moderna, por ser un escepticismo gnoseológico,
es de forma oculta o declarada, anticristiana: aunque de
ninguna manera sea antirreligiosa, quede expresado esto
para los oídos más delicados. En otra época, realmente se
creía en "el alma", igual que se creía en la gramática y en el
sujeto gramatical. Se decía "yo" es condición, "pienso" es
predicado y condicionado, "pensar" es una acción para lo
cual hay que pensar como causa de un sujeto. Luego, con
una constancia y una astucia admirables, se hizo la prueba
de ver si no era posible salir de esa red, de si probablemente
lo contrario era lo verdadero: "pienso", la condición, "yo", lo
condicionado; "yo", pues, solo una síntesis realizada por
el pensar mismo. En realidad, Kant quiso probar que partiendo del sujeto, no se puede probar el sujeto y tampoco
el complemento, sin duda no siempre le fue inusual la posibilidad de una aparente existencia del sujeto, es decir, "del
alma", pensamiento este que, como filosofía del Vedanta,
ya había existido una vez y con considerable poder, sobre
la tierra.

55

Existe una larga escalera de la brutalidad religiosa que
posee numerosos peldaños, pero tres de ellos son los más
importantes. En otro tiempo, la gente ofrendaba a su dios
seres humanos, quizás, justamente aquellos a quienes más

amaba. A esta categoría corresponden los sacrificios de los primogénitos, propios de todas las religiones prehistóricas y, del mismo modo, el sacrificio del emperador Tiberio en la gruta de Mitra de la isla de Capri, el más espantoso de todos los anacronismos romanos. Posteriormente, en la época moral de la humanidad, la gente ofrendaba a su dios los impulsos más fuertes que poseía, su propia "naturaleza", esa alegría festiva que resplandece en la cruel mirada del asceta, del hombre vehementemente "antinatural". Al final, ¿qué quedaba aún por sacrificar? ¿No tenía la gente que terminar sacrificando en algún momento todo lo consolador, lo santo, lo sano, toda esperanza, toda fe en una armonía oculta, en felicidades y justicias futuras?, ¿no tenía que sacrificar al mismo Dios y, por venganza contra sí mismo, adorar la piedra, la fuerza de la gravedad, la estupidez, el destino, la nada? Sacrificar a Dios por la nada, este misterio contradictorio de la crueldad máxima ha quedado reservado para la generación que justo ahora surge en el horizonte. Todos nosotros ya conocemos un poco de esto.

56

Quién se ha esforzado, como yo, durante tanto tiempo, con cierto empeño enigmático, por analizar a fondo el pesimismo y por rescatarlo de la estrechez y simpleza mitad cristianas mitad alemanas con que ha terminado presentándose a este siglo, a saber, en la figura de la filosofía schopenhaueriana, quien ha escudriñado realmente, con ojos asiáticos y superasiáticos, la profundidad y la hondura de la manera de pensar más negadora del mundo entre todas las maneras posibles de pensar y ha hecho esto desde más allá del bien y del mal y ya no bajo el embrujo y la alucinación de la moral, como Buda y Schopenhauer, tal vez ese, precisamente por ello, sin que él lo quisiera adecuadamente, ha abierto sus ojos para ver el ideal contrario: el ideal del hombre totalmente vanidoso, totalmente lleno de vida y totalmente afirmador del mundo, hombre que no únicamente ha aprendido a resignarse y a tolerar todo lo que ha sido y es, sino que desea volver a tenerlo tal como ha sido y como es, por toda la eternidad, gritando incansablemente *da capo*[22], no solo para sí mismo, sino a la obra y al espectáculo entero, y no únicamente al espectáculo, sino, en el fondo, a quien justamente tiene necesidad de ese espectáculo y lo hace necesario, porque tiene necesidad de sí mismo, una y otra vez, y lo hace necesario. ¿Cómo? ¿Y no sería esto *circulus vitiosus deus*[23]?

57

La distancia, por decirlo de algún modo, y el espacio alrededor del hombre crece a medida que crece la potencia de su mirada y penetración espirituales. Su mundo se hace más profundo, se hacen visibles estrellas continuamente nuevas, misterios e imágenes continuamente nuevos. Quizá todo eso sobre lo que los ojos del espíritu practicaron su perspicacia y su penetración no era más que justamente un pretexto para practicar, algo de juego, algo para niños y para cabezas infantiles. Posiblemente un día los conceptos más formales, por los cuales se ha luchado y sufrido más, los conceptos de "Dios" y de "pecado", no nos parezcan más importantes que lo que le parecen al hombre viejo un

22 Que se repita.
23 Dios en círculo vicioso.

juego y un dolor infantil y, posiblemente, "el hombre viejo" vuelva a sentir la necesidad entonces de otro juguete y de otro dolor, ¡siempre todavía suficientemente niño, eternamente niño!

58

¿Se ha visto bien hasta qué punto resulta ineludible para una vida legítimamente religiosa (y tanto para nuestro trabajo microscópico favorito de analizarnos a nosotros mismos, como para aquella sutil dejadez que se llama "oración" y que es una persistente preparación para la "venida de Dios") la ociosidad, o semiociosidad exterior, quiero llamarla ociosidad con buena conciencia, desde antiguo, de sangre, a la que no le es completamente extraño el sentimiento noble de que el trabajo deshonra, es decir, que nos hace vulgares de alma y de cuerpo? ¡Y que, como resultado, la laboriosidad moderna, estridente, mezquina de su tiempo, orgullosa de sí, tontamente orgullosa, es algo que educa y dispone más que todo lo demás, justamente, para la "incredulidad"! Por ejemplo, entre aquellos que actualmente, en Alemania, viven alejados de la religión, tropiezo con hombres cuyo "librepensamiento" es de tipo y ascendencia muy variadas, pero, mayormente, una cantidad de hombres a quienes la laboriosidad les ha ido aniquilando, generación tras generación, sus inclinaciones religiosas, de forma que ya no saben para qué cuando observan las religiones y, por así decirlo, reconocen su presencia en el mundo con un cierto asombro. Esas buenas personas ya se sienten muy ocupadas, sea por sus negocios, sea por sus diversiones, para no mencionar la "patria" y los periódicos y los "deberes de familia". Parece que no les sobra tiempo alguno para la religión, tanto más, cuanto que para ellos sigue estando sombría la cuestión de si aquí se trata de un nuevo negocio o de una nueva diversión, pues se dicen que no es posible que la gente asista a la iglesia solamente para perder el buen humor. No son contrarios a los usos religiosos, si en algún caso alguien, por ejemplo el Estado, les solicita su participación en ellos. Hacen lo que se les solicita de la misma manera que hacen tantas otras cosas, con una conforme y sencilla seriedad y sin mucha curiosidad ni molestia. Justo ellos viven excesivamente al margen, y excesivamente fuera de eso, como para especular que necesiten tener siquiera un pro y un contra en tales asuntos. De estos indiferentes hoy forma parte la gran mayoría de los protestantes alemanes de las clases medias, en especial en los inmensos y dedicados centros del comercio y del tráfico, igualmente, la gran mayoría de los doctos laboriosos y todo el personal de las universidades —excluidos los teólogos, cuya ausencia y posibilidad en ellas le brinda al psicólogo, para que los descifre, incógnitas cada vez más numerosas y cada vez más sutiles—. Pocas veces los hombres piadosos o llanamente de iglesia se hacen una idea de cuánta buena voluntad, aunque podría decirse voluntad arbitraria, se necesita ahora para que un docto alemán tome en serio el asunto de la religión. Su oficio entero (y como hemos mencionado, su laboriosidad profesional a la que le exige su conciencia moderna) inclina a ese docto hacia un alborozo superior, casi bondadoso con relación a la religión, alborozo con el cual se mezcla, a veces, un sutil menosprecio orientado contra la "suciedad" de espíritu que él presupone en todos aquellos espacios donde la gente sigue adscribiéndose a la Iglesia. Solo con ayuda de la historia (es decir, no sobre ninguna base de su experiencia personal) el docto consigue alcanzar, en lo referente a las religiones, una seriedad respetuosa y una cierta atención tímida. Pero, aunque haya elevado su emoción incluso hasta lograr sentir gratitud ante ella con su persona, no obstante, no se ha acercado ni un solo paso a aquello que continúa permaneciendo como Iglesia o como piedad, más bien lo contrario. La indiferencia práctica frente a los asuntos religiosos dentro de los cuales nació y fue educado suele enaltecerse en él, transformándose en una circunspección y limpieza que huyen del contacto con personas y cosas religiosas; y puede ser a cabalidad la hondura de su tolerancia y humanidad la que lo mande a evitar esa sutil tortura que trae consigo el tolerar. Cada época tiene su propia especie divina de ingenuidad, cuya creación le envidiarán otras épocas, y cuánta ingenuidad, cuánta respetable, infantil, infinitamente lerda ingenuidad hay en esa creencia que el docto tiene de su supremacía, en la buena conciencia de su tolerancia, en la ingenua y simple seguridad con que su instinto se relaciona con el hombre religioso como un tipo inferior y menos valioso, más allá del cual, lejos del cual, por encima del cual él se ha desarrollado. ¡Él, el pequeño y presumido enano y hombre del vulgo, el rápido y ágil trabajador estudioso y manual de las "ideas", de las "ideas modernas"!

59

Quien ha visto profundamente dentro del mundo augura, sin duda, cuál es el conocimiento que hay en el hecho de que los hombres sean triviales. Su instinto de conservación es el que los instruye a ser volubles, leves y falsos. Aquí y allá hallamos una apasionada y excesiva idolatría de las "formas puras", tanto entre filósofos como entre artistas, que nadie ponga en duda de que quien de esa manera necesita el culto de la superficie, alguna vez ha realizado un desdichado intento por debajo de ella. Es posible que continúe existiendo un orden jerárquico incluso entre esos niños chamuscados que son los artistas natos, quienes no encuentran ya el disfrute de la vida más que en la intención de falsear la imagen de esta (por decirlo de algún modo, en una perdurable venganza contra la vida). El grado en que la vida se les ha hecho odiosa podría deducirse por el grado en que desean ver adulterada, diluida, allendizada, divinizada la imagen de la vida. A los *homines religiosi*[24] se los podría enumerar entre los artistas como su clase suprema. El miedo hondo y desconfiado a un pesimismo incurable es lo que obliga a milenios enteros a asir con los dientes una interpretación religiosa de la existencia, el miedo propio de aquel instinto que observa que podría apoderarse de la verdad demasiado apresuradamente, antes de que el hombre fuera bastante fuerte, bastante duro, bastante artista... Consideradas desde ese punto de vista, la piedad, la "vida en Dios", surgirían entonces como el engendro más delicado y extremo del miedo a la verdad, como idolatría y embriaguez de artista frente a la más consecuente de todas las adulteraciones, como voluntad de alterar la verdad, de no-verdad a cualquier precio. Tal vez no haya existido hasta ahora ninguna forma más enérgica para embellecer al hombre mismo que justamente la piedad. Por medio de ella el hombre puede llegar hasta tal punto a transformarse en

---

24 Hombres religiosos.

arte, superficie, juego de colores, bondad, que su apariencia ya no haga sufrir.

60

Amar al hombre por amor a Dios ha sido hasta el momento el sentimiento más aristocrático y antiguo que han logrado los hombres. Que amar al hombre sin ninguna intención santificadora escondida es una estupidez y una atrocidad más, que la tendencia a ese amor al hombre ha de recoger su medida, su finura, su grano de sal y su partícula de ámbar de una tendencia superior, quienquiera que haya sido el hombre que tuvo ese sentimiento y esa "experiencia" por primera vez, y aunque, a lo mejor, su lengua balbuciera al tratar de expresar tal delicadeza, ¡continúe siendo para nosotros, por todos los tiempos, santo y digno de adoración, pues es el hombre que más alto ha volado hasta ahora y que se ha extraviado de la manera más bella!

61

El filósofo, según lo entendemos nosotros, forma parte del grupo de los espíritus libres; como el hombre que posee la responsabilidad más vasta de todas, que supone asunto de su conciencia el desarrollo cabal del hombre. Ese filósofo se aprovechará de las religiones para su trabajo de selección y educación, de igual modo que se aprovechará de las situaciones políticas y económicas existentes en cada caso. El influjo selectivo, seleccionador, o sea, tanto destructivo como creativo y plasmador que es posible profesar con ayuda de las religiones, es un influjo múltiple y diverso según sea la especie de hombres que se encuentren bajo el anatema y el cuidado de aquellas. Para los fuertes, los independientes, los preparados y los predestinados al mando, en quienes se encarnan la razón y el arte de una raza dominante, la religión es un camino más para vencer resistencias, para poder dominar, un lazo que une a señores y súbditos y que acusa y pone en manos de los primeros las conciencias de los segundos, lo más secreto e íntimo de estos, que con gusto se despojaría de la obediencia; y en el caso de que algunas naturalezas de esa procedencia noble se inclinen, motivados por una espiritualidad elevada, hacia una vida más noble y contemplativa, y se guarden para sí solamente la especie más fina de dominio (la que es ejercida sobre discípulos escogidos o hermanos de Orden), entonces, la religión puede ser empleada incluso como medio de obtener calma frente al ruido y los problemas que la manera más grosera de gobernar entraña, así como la limpieza de cara a la necesaria suciedad de cualquier manera de hacer política. Los brahmanes, por ejemplo, lo entendieron así con apoyo de una organización religiosa. Se imputaron a sí mismos el poder de asignarle al pueblo sus reyes, mientras que ellos mismos estaban y se sentían aparte y afuera, como hombres escogidos para tareas superiores y más sublimes que las del rey. Mientras tanto, la religión también brinda, a una porción de los dominados, una guía y una oportunidad de prepararse para dominar y mandar ellos alguna vez; se les entrega, en efecto, a aquellas clases y categorías que van escalando lentamente, quienes se hallan en continuo aumento, el favor de costumbres matrimoniales bienaventuradas, la fuerza y el goce de la voluntad, la voluntad de autodominio. A ellos la religión les brinda suficientes impulsos y tentaciones para avanzar por los caminos que conducen hacia una espiritualidad más elevada, a paladear los sentimientos de la gran autosuperación, del silencio y de la soledad. Ascetismo y puritanismo son mecanismos casi ineludibles de educación y ennoblecimiento cuando una raza desea alzarse de su origen plebeyo y trabaja por elevarse hacia el futuro dominio. A los hombres ordinarios, en definitiva, a los que viven para servir y para el provecho general, y a quienes solo en ese sentido les es válido existir, la religión puede servirles como medio para encontrar la paz, el valioso don de sentirse contentos con su situación y su modo de ser, una variada paz del corazón, un enaltecimiento de la obediencia, una felicidad y un sufrimiento compartidos con sus iguales, y algo de transformación y embellecimiento, algo de justificación de la vida cotidiana entera, de toda la degradación, de toda la miseria semianimal de su alma. La religión y el significado religioso de la vida proyectan un rayo de sol sobre esos hombres siempre atormentados y les hacen tolerable incluso su propio aspecto, proceden como suele proceder una filosofía epicúrea sobre personas afligidas de rango superior, causando una influencia reconfortante, refinadora, que, por así decirlo, obtiene provecho del sufrimiento e incluso termina santificándolo y justificándolo. Posiblemente no haya nada tan venerable en el cristianismo y en el budismo como el arte de enseñar, incluso a los más humildes a formar parte por piedad de un supuesto orden superior de las cosas y, con ello, a continuar estando contentos con el orden real, dentro del que ellos llevan una existencia bastante dura, dureza que es en todo caso necesaria.

62

Por último, ciertamente, para revelar también la contrapartida negativa de tales religiones y exponer a luz su turbadora peligrosidad, es costoso y temible el precio que se paga siempre que las religiones no se hallan en manos del filósofo como medios de selección y de educación, sino que son ellas las que rigen por sí mismas y de modo soberano, siempre que ellas mismas desean ser fines últimos y no medios junto a otros medios. En el ser humano hay, como en cualquier otra especie animal, un sobrante de tarados, enfermos, disolutos, ancianos, dolientes por necesidad; los casos logrados siempre son, también en el ser humano, la irregularidad, y puesto que el hombre es el animal aún no fijado, son incluso una escasa excepción. Pero hay algo aún peor, mientras más elevado es el tipo de un hombre que representa a aquel, tanto más aumenta la poca probabilidad de que se logre: lo casual, la ley del absurdo en la economía global de la humanidad, se muestra de la forma más terrible en el efecto demoledor que ejerce sobre los hombres superiores, cuyas circunstancias de vida son delicadas, confusas y difícilmente calculables. Ahora bien, ¿cómo proceden esas dos religiones mencionadas, las más grandes de todas, frente a ese sobrante de los casos malogrados? Intentan preservar, mantener con vida cualquier cosa que se pueda mantener, y hasta por principio, toman posición a favor de los malogrados, como religiones que son para dolientes, ellas dan la razón a todos esos que sufren de la vida igual que una enfermedad y quisieran conseguir que cualquier otro modo de sentir la vida fuera calificado como falso y fuera imposible. Aunque se posea una gran estima de esa tolerante y sustentadora solicitud, en la medida en que se aplica y se ha aplicado, junto a todos los demás, también al tipo más elevado de hombre, quien hasta ahora también ha sido casi siempre el más doliente en el balance definitivo; no obstante, las religiones habidas hasta el momento, es decir, las religiones soberanas, se cuentan entre las razones principales que han mantenido al tipo "hombre" en un nivel bastante inferior; han conservado demasiado de aquello que debía fallecer. Hay que agradecerles algo inapreciable, ¡y quién será tan opulento de gratitud que no se vuelva pobre frente a todo aquello que los "hombres de Iglesia" del cristianismo, por ejemplo, han realizado hasta ahora por Europa! Sin embargo, cuando daban consuelo a los dolientes, coraje a los oprimidos y desesperados, soporte y apoyo a los carentes de independencia, y cuando atraían psíquicos hacia los monasterios y penitenciarías, retirándolos así de la sociedad, a los íntimamente destruidos y a los que se convertían en salvajes, ¿además, qué tenían que hacer para ocuparse con una conciencia tan tajantemente tranquila en la conservación de lo enfermo y lo doliente, a saber, trabajar cierta y efectivamente en el empeoramiento de la raza europea? Colocar cabeza abajo todas las valoraciones ¡eso es lo que debían hacer! Y quebrantar a los fuertes, disminuir las grandes esperanzas, hacer dudosa la felicidad inseparable de la belleza, degenerar todo lo soberano, masculino, conquistador, ambicioso de poder, todas las inclinaciones que son propias del tipo supremo y mejor logrado de "hombre", modificando esas cosas en inseguridad, tormento de conciencia, autodestrucción, incluso trastocar todo el amor a lo terreno y al dominio de la tierra transformándolo en odio contra la tierra y lo terreno, tal como fue la tarea que la Iglesia se impuso y que tuvo que imponerse, hasta que a su consideración, "desmundanización", "desensualización" y "hombre superior" terminaron por fundirse en un único sentimiento. Presumiendo que alguien, con los ojos mordaces y autónomos de un dios epicúreo, pudiera abarcar la comedia portentosamente dolorosa, y tan ordinaria como sutil, del cristianismo europeo, yo creo que no terminaría nunca de sorprenderse y de reírse: ¿no parece, en realidad, que durante dieciocho siglos se ha impuesto sobre Europa una sola voluntad, la de transformar al hombre en un engendro sublime? Pero, ¿quién se acerca con necesidades contrarias a esa degeneración y a esa atrofia casi voluntarias del hombre que es el europeo cristiano? —Pascal, por ejemplo—, es decir, no de manera epicúrea sino con un martillo celestial en la mano, ¿no tendría ese, indudablemente, que gritar con ira, con compasión y con espanto? "¡Oh majaderos vosotros, vosotros, majaderos arrogantes y compasivos! ¿qué habéis hecho? ¡No era ese un trabajo para sus manos! ¡Cómo habéis estropeado y mancillado mi piedra más hermosa! ¡¡Qué cosas os habéis permitido vosotros!?". Yo he querido expresar que, hasta ahora, el cristianismo ha sido la especie más nefasta de autopresunción. Hombres no lo bastante elevados ni duros como para que les fuera válido entregar, en su calidad de artistas, una forma al hombre, hombres muy poco fuertes y desprovistos de mirada lo bastante larga como para dejar dominar, con un excelso sojuzgamiento de sí, esa ley anterior de los miles de fracasos y ruinas. Nombres no lo bastante nobles como para ver la jerarquía infinitamente distinta y la diferencia de rango presente entre hombre y hombre, tales son los hombres que han sometido hasta ahora, con su "igualdad frente a Dios", el destino de Europa, hasta que terminó formándose una especie reducida, casi ridícula, un animal de rebaño, un ser sumiso, débil y mediocre: el europeo de hoy...

Cuarta parte

Máximas e intermedios

63

Quien es maestro de forma radical no toma nada en serio, más que en relación a sus discípulos, ni siquiera a él mismo.

64

"El conocimiento por el conocimiento" ese es el último engaño que la moral tiende, de esa manera volvemos a enredarnos totalmente en ella.

65a

El encanto del conocimiento sería muy pequeño si en el camino que conduce hasta él no hubiera que superar tanto recato.

65b

Con quien somos más deshonestos es con nuestro propio Dios. ¡A él no le es válido pecar!

66

La tendencia a rebajarse, a dejarse robar, mentir y despojar podría ser el recato de un dios entre los hombres.

67

El amor a uno solo es un salvajismo, pues se ejerce a costa de todos los demás. Así mismo el amor a Dios.

68

Mi memoria dice: "Yo he hecho eso". Mi orgullo dice: "Yo no puedo haber hecho eso" y permanece inflexible". Al final, cede la memoria.

69

Se ha visto mal la vida cuando no se ha observado también la mano que mata de forma indulgente.

70

Si uno tiene carácter, también posee una experiencia propia e inconfundible que regresa siempre.

71

El sabio como astrónomo. Mientras permanezcas sintiendo las estrellas como algo "por encima de ti", sigues careciendo de la mirada del hombre de saber.

72

No es la intensidad, sino la permanencia del sentimiento elevado lo que conforma a los hombres elevados.

73A

Quien logra su ideal, va justo por ello más allá de él.

73B

Más de un pavo real esconde su cola a los ojos de todos, y a esto lo denomina su orgullo.

74

Un hombre de genio es realmente insoportable si no muestra, además, otras dos cosas al menos: gratitud y limpieza.

75

Grado y especie de la sexualidad de un ser humano se elevan hasta la última cima de su espíritu.

76

En situaciones de paz el hombre conflictivo se lanza sobre sí mismo.

77

Con nuestros valores deseamos tiranizar o justificar u honrar o injuriar u ocultar nuestras costumbres. Dos hombres con valores idénticos, probablemente desean, por esto, algo radicalmente diferente.

78

Quien se desprecia a sí mismo sigue apreciándose, no obstante, a sí mismo en cuanto despreciador.

79

Un alma que se sabe amada, pero que por su parte no ama, revela lo que se encuentra en su profundidad. Lo más bajo de ella sube hasta la superficie.

80

Algo que queda explicado deja de interesarnos. ¿Qué quería decir aquel dios que aconsejaba: "¡Conócete a ti mismo!"? ¿Será que eso significaba: "¡Para de interesarte a ti mismo! ¡Hazte objetivo!"? ¿Y Sócrates? ¿Y el "hombre de ciencias"?

81

Es espantoso morir de sed en el mar. ¿Tenéis vosotros que agregar enseguida tanta sal a vuestra verdad que luego ya ni siquiera calme la sed?

82

¡"Compasión con todos" es igual a dureza y tiranía contigo, señor vecino!

83

El instinto. Cuando la casa se quema, olvidamos hasta el almuerzo. Sí, pero luego lo recobramos sobre la ceniza.

84

La mujer aprende a odiar en la medida en que se olvida de hechizar.

85

Afectos idénticos poseen, sin embargo, un *tempo* diferente en el varón y en la mujer. Es por eso que el varón y la mujer no paran de malentenderse.

86

Las propias mujeres siguen teniendo siempre, en el trasfondo de toda su vanidad particular, un desprecio impersonal por "la mujer".

87

Corazón dominado, espíritu libre. Cuando dominamos nuestro corazón con dureza y lo encarcelamos, podemos otorgar muchas libertades a nuestro espíritu, ya lo he mencionado una vez. Pero nunca se me cree, presumiendo que no se lo sepa aún...

88

Comenzamos a sospechar de las personas muy inteligentes cuando estas se quedan perplejas.

89

Las experiencias horrendas nos hacen pensar si quien las tiene no es, él, algo horrendo.

90

Justamente con aquello que a otros los pone mal, con el odio y el amor, los hombres graves, melancólicos, se hacen más ligeros y, por un tiempo, suben hasta su superficie.

91

¡Es tan frío, tan helado, que al tocarlo nos quemamos los dedos! ¡Toda mano que lo sostiene se atemoriza! Y justo por eso, más de uno lo considera ardiente.

92

¿Quién, para preservar su buena reputación, no se ha sacrificado a sí mismo alguna vez?

93

En la amabilidad no hay nada de aborrecimiento hacia

los hombres, pero precisamente por ello hay excesivo desprecio por los hombres.

94

Madurez del hombre adulto: significa haber encontrado de nuevo la seriedad que de niño mantenía al jugar.

95

Sentir vergüenza de nuestra inmoralidad: un peldaño en la escalera en cuyo fin también nos avergonzamos de nuestra moralidad.

96

Debemos apartarnos de la vida igual que Ulises se separó de Nausícaa, bendiciéndola más bien en vez de enamorado.

97

¿Cómo? ¿Un gran hombre? Yo siempre veo solamente al comediante de su propio ideal.

98

Si adiestramos a nuestra conciencia, ella nos besa al tiempo que nos muerde.

99

Habla el desilusionado. "Esperaba escuchar un eco y no escuché más que alabanzas".

100

Frente a nosotros mismos todos fingimos ser más sencillos de lo que somos: así reposamos de nuestros semejantes.

101

Hoy, un hombre de conocimiento, fácilmente, podría sentirse a sí mismo como la animalización de Dios.

102

En verdad, el descubrir que alguien le responde con su amor debería desencantar al amante en relación al ser amado. "¿Cómo? ¿Es él lo bastante modesto para, incluso, amarte a ti? ¿O es lo bastante estúpido?"

103

El riesgo en la felicidad. "Ahora todo me resulta bien. Desde ahora amo cualquier destino, ¿quién se complace en ser mi destino?"

104

No es su amor a los hombres, sino la impotencia de su

amor a los hombres lo que a los actuales cristianos les impide quemarnos a nosotros.

105

Para el espíritu libre, para el "piadoso del conocimiento", la *pia fraus*[25] repugna a su satisfacción —a su "devoción"— más aún que la *impia fraus*[26]. De ahí proviene su honda incomprensión frente a la Iglesia a la que considera, ya que él pertenece al tipo "espíritu libre", igual que su no libertad.

106

Las pasiones gozan de sí mismas, gracias a la música.

107

Una vez decidido, cerrar los oídos hasta al mejor de los argumentos en contra es una señal de carácter enérgico. También, una esporádica voluntad de estupidez.

108

No hay fenómenos morales, sino, únicamente, una interpretación moral de fenómenos...

109

Con mucha frecuencia el criminal no se encuentra a la altura de su acto: lo empequeñece y lo difama.

25   Mentira piadosa.
26   Mentira impía.

110

Los abogados de un criminal pocas veces son lo suficientemente artistas como para utilizar en favor del reo aquello que de hermosamente espantoso existe en su acto.

111

Mientras más difícil resulta ofender nuestra vanidad es cuando nuestro orgullo termina por ser ofendido.

112

A quien se siente elegido para la contemplación y no para la fe, todos los creyentes se le hacen demasiado ruidosos e inoportunos, se protege de ellos.

113

"¿Quieres predisponer a alguien a tu favor? Finge desconcierto frente a él".

114

La enorme expectación con relación al amor sexual y el pudor inherente a esa expectación, anticipadamente, les echa a perder a las mujeres todas sus perspectivas.

115

Cuando en el juego no participan ni el amor ni el odio, la mujer juega de forma mediocre.

116

Las grandes etapas de nuestra vida son esas en que nos armamos de valor y renombramos el mal que hay en nosotros llamándolo nuestro mayor bien.

117

A fin de cuentas, la voluntad de superar un afecto no es más que el deseo de tener uno o varios afectos diferentes.

118

Hay cierta inocencia en la admiración, es la que tiene aquel a quien aún no se le ha ocurrido que él también podría ser admirado alguna vez.

119

El vértigo frente a la suciedad puede ser tan grande que no nos permita asearnos, "justificarnos".

120

Con frecuencia la sensualidad apura el crecimiento del

amor, de manera que la raíz queda débil y es muy fácil de arrancar.

121

Es una delicadeza el que Dios aprendiera griego cuando quiso hacerse escritor, y el que no lo aprendiera mejor.

122

Regocijarse de una alabanza es, en más de uno, solamente una cortesía del corazón y totalmente lo contrario a una vanidad del espíritu.

123

El concubinato también ha sido corrompido: por el matrimonio.

124

Quien al encontrarse en la hoguera sigue regocijándose, no vence sobre el dolor, sino sobre el hecho de no sentir dolor allí donde lo esperaba. Parábola.

125

Cuando debemos cambiar de opinión acerca de alguien, le hacemos pagar caro la molestia que con ello nos causa.

126

Un pueblo es la vuelta que da la naturaleza para alcanzar a seis, a siete grandes hombres. Sí, y para después eludirlos.

127

Para todas las mujeres verdaderas, la ciencia está contra el pudor. Le parece como si la miraran por debajo de la piel; peor aún, bajo sus ropajes y adornos.

128

Cuanto más indeterminada sea la verdad que quieres enseñar, tanto más tienes que interesar hacia ella hasta los sentidos.

129

El diablo posee amplísimas visiones acerca de Dios, por esa razón se mantiene tan alejado de él. El diablo, es decir, el más viejo amigo del conocimiento.

130

Aquello que alguien es empieza a revelarse cuando declina su talento, cuando deja de exponer lo que él es capaz de hacer. El talento también es un adorno y un adorno también es un escondite.

131

Cada uno de los sexos se miente acerca del otro. Esto logra que en el fondo, solo se honren y se amen a sí mismos (o a su propio ideal, para decirlo de una manera más agradable). De ese modo, el varón quiere pacífica a la mujer, pero la mujer es, absolutamente, por naturaleza, no pacífica, igual que el gato, aunque se haya ejercitado muy bien en brindar una apariencia de paz.

132

Por aquello que más se nos escarmienta es por nuestras virtudes.

133

Quien no sabe hallar el camino que conduce a su ideal lleva una vida más superficial y descarada que el hombre que no posee ideal.

134

De los sentidos es de donde proviene toda credibilidad, toda buena conciencia, toda certeza de la verdad.

135

El fariseísmo no es una degeneración que surge en el hombre bueno. Una buena porción de fariseísmo es, antes que nada, la condición de todo ser bueno.

136

Uno, busca a alguien que le ayude a dar a luz sus pensamientos; otro, a alguien a quien poder ayudar. Así es como se genera una buena conversación.

137

En el trato con personas doctas y con artistas, con facilidad nos equivocamos en la dirección opuesta. Detrás de un docto notable hallamos, no pocas veces, a un hombre mediocre, y detrás de un artista mediocre encontramos, con frecuencia, un hombre muy notable.

138

También durante la vigilia procedemos igual que cuando soñamos: primero creamos y fingimos al hombre con quien tratamos y de inmediato lo olvidamos.

139

En la venganza y en el amor la mujer es más atroz que el varón.

140

Consejo en modo de enigma: "Para que el lazo no se rompa es necesario que lo muerdas antes."

141

El bajo vientre es la razón por la que al hombre no le resulta fácil considerarse un dios.

142

La frase más púdica que yo he escuchado: *Dans le véritable amour c'est l'âme qui enveloppe le corps*[27].

143

Aquello que nosotros hacemos mejor, a nuestra vanidad le gustaría que la gente lo viese, precisamente, como lo que más difícil nos resulta de hacer. Para lograr explicar el origen de más de una moral.

144

Cuando una mujer tiene tendencias doctas, frecuentemente, hay algo en su sexualidad que no marcha bien. La esterilidad inclina hacia una cierta masculinidad del gusto. En efecto, el varón es, dicho sea con autorización, "el animal estéril".

145

Al comparar en conjunto el varón y la mujer, es permitido decir que la mujer no tendría la naturaleza del adorno si no tuviera el instinto propio del segundo papel.

27   En el amor verdadero hay un alma que envuelve al cuerpo.

146

En la lucha contra bestias hay que cuidarse de no convertirse también en bestia. Cuando miras durante mucho tiempo a un abismo, este también acaba mirando dentro de ti.

147

Extraído de antiguas novelas florentinas y también de la vida: *buona femmina e mala femmina vuol bastone*[28]. Sacchetti, nov. 86.

148

Incitar al prójimo a que se forme una excelente opinión de nosotros y, a continuación, a creer confiadamente en esa opinión, ¿quién supera a las mujeres en esa obra de arte?

149

Lo que un período se siente como infame es de ordinario una reacuñación inesperada de lo que en otro momento fue sentido como bueno, el atavismo de un ideal más anticuado.

150

Todo lo que rodea a un héroe se transforma en tragedia.

---

28 Tanto la mujer buena como la mala quieren garrote.

Alrededor del semidiós, en drama satírico. Y alrededor de Dios, ¿cómo?, ¿acaso en "mundo"?

151

Poseer un talento no es suficiente: también hay que tener vuestro permiso para tenerlo. ¿No es así, amigos míos?

152

"Donde se levanta el árbol del conocimiento, allí está siempre el paraíso". Esto es lo que dicen las víboras más viejas y también las más jóvenes.

153

Lo que se hace por amor ocurre siempre más allá del bien y del mal.

154

La objeción, la diablura, la alegre desconfianza, el gusto por la burla son síntomas de salud. Todo lo incondicional corresponde a la patología.

155

El sentido de lo trágico crece y se reduce con la sensualidad.

156

La locura es algo inusual en los individuos, pero en los grupos, los partidos, los pueblos, las épocas, establece la regla.

157

Pensar en el suicidio es un poderoso mecanismo de consuelo, con él se logra aguantar más de una mala noche.

158

Nuestro instinto más fuerte domina por igual a nuestra razón y a nuestra conciencia.

159

Es necesario devolver tanto lo bueno como lo malo, pero ¿por qué hacerlo exactamente con la persona que nos ha hecho bien o mal?

160

Tan pronto como comunicamos nuestro conocimiento, ya no nos gusta tanto.

161

Los poetas no tien 1 pudor con relación a sus vivencias, las explotan.

162

"Nuestro prójimo no es nuestro vecino, en cambio es el vecino de nuestro vecino". Así piensa todo pueblo.

163

El amor saca a la luz las características elevadas y escondidas de un amante, sus cosas raras, excepcionales. En ese sentido engaña fácilmente, a propósito de lo que constituye la norma en él.

164

Jesús les dijo a sus judíos: "La ley era para los esclavos, ¡amad a Dios como yo lo amo, como hijo suyo! ¡Qué nos importa a nosotros, los hijos de Dios, la moral!".

165

De frente a todos los partidos. Un pastor siempre necesita, por añadidura, un carnero-guía, o eventualmente, él mismo tiene que ser carnero.

166

No hay duda de que mentimos con la boca; pero con el hocico que ponemos al mentir seguimos diciendo la verdad.

167

Para los hombres duros la intimidad es un asunto de pudor y algo precioso.

168

El cristianismo le dio de beber veneno a Eros. Este, indudablemente, no murió, pero degeneró transformándose en vicio.

169

Hablar demasiado de sí mismo también es una manera de ocultarse.

170

En la alabanza hay más entrometimiento que en la crítica.

171

En un hombre de saber la compasión casi causa risa, igual que en un cíclope las manos delicadas.

172

A veces, por filantropía abrazamos a un cualquiera (ya que no es posible abrazar a todos), pero justamente eso no es válido confesárselo a ese cualquiera...

173

Mientras nuestra estima es todavía pequeña no odiamos, sino únicamente cuando es igual o mayor a la que sentimos por nosotros mismos.

174

Utilitaristas, ¿es que también vosotros amáis *todo lo útil,* solamente como un vehículo de nuestras inclinaciones? ¿Es que también vosotros encontráis precisamente insoportable el rechinar de sus ruedas?

175

En última instancia, nuestro deseo es lo que amamos, no lo deseado.

176

La vanidad de los demás asquea nuestro gusto solamente cuando asquea nuestra vanidad.

177

Tal vez nadie haya sido todavía lo bastante veraz con relación a lo que es la "veracidad".

178

A los hombres listos no les creemos sus tonterías, ¡qué desperdicio de derechos humanos!

179

Las consecuencias de nuestros actos nos toman por los cabellos, harto indiferentes a que mientras tanto nosotros nos hayamos "mejorado".

180

Hay cierta inocencia en la mentira lo cual es señal de que se cree en algo con buena fe.

181

Es inhumano bendecir cuando hemos sido maldecidos.

182

La familiaridad del superior es muy amarga porque no es permitido corresponder a ella.

183

"No es el que tú me hayas engañado, sino el que yo ya no crea en ti. Eso es lo que me ha estremecido".

184

Hay un engreimiento de la bondad que se muestra como maldad. "Me desagrada." ¿Por qué? "No estoy a su altura." ¿Se ha dado alguna vez una respuesta semejante?

Quinta parte

Contribución a una historia
natural de la moral

186

El sentimiento moral en Europa es, en la actualidad, tan delicado, tardío, multiforme, excitable y delicado, como aún joven, primitiva, torpe y ordinariamente inepta es la "ciencia de la moral" que le corresponde, encantadora antítesis que a veces se representa y se hace manifiesta en el propio ser de un moralista. Ya la expresión "ciencia de la moral" es, con relación a lo propuesto por ella, en exceso presuntuosa y contraria al buen gusto, el cual siempre suele ser un gusto anticipado por las palabras más sencillas. Deberíamos confesarnos, con toda firmeza, qué es lo que necesitamos aquí, aún por bastante tiempo, qué es lo único que está justificado provisionalmente, a saber: el acopio de material, la formulación y ordenamiento conceptuales de un gran territorio de sutiles sentimientos y diferenciaciones de valor que existen, crecen, se reproducen y mueren, y, posiblemente, intentos de mostrar claramente las conformaciones más frecuentes y que más se repiten de esa viviente materialización como preparativo de una tipología de la moral. Por supuesto, hasta ahora no hemos sido tan humildes. Con una entumecida seriedad que causa risa, los filósofos, en su totalidad, han demandado de sí mismos, desde el instante en que se ocuparon de la moral como ciencia, algo inmensamente más elevado, más presuntuoso, más solemne. Han deseado la fundamentación de la moral, y todo filósofo ha creído, hasta el momento, haber fundamentado la moral misma, no obstante, esta era considerada como "dada". ¡Qué alejado permanecía del torpe orgullo de tales filósofos la tarea, supuestamente insignificante y olvidada en el polvo y en el moho, de una descripción, aunque para hacerla es difícil que pudieran ser bastante finos ni siquiera las manos y los sentidos más finos de todos! Precisamente porque los filósofos de la moral no conocían los *facta*[29] morales más que de una manera grosera, en forma de un arbitrario resumen o de un compendio casual, por ejemplo, como moralidad de su contexto, de su categoría, de su iglesia, de su espíritu de época, de su clima y de su territorio. Ciertamente, porque estaban mal informados e incluso no sentían curiosidad alguna por conocer pueblos, épocas ni tiempos antiguos, no llegaron a ver de ninguna forma los verdaderos problemas de la moral, los cuales solo surgen cuando se hace una comparación de muchas morales. Aunque esto suene muy raro, en toda "ciencia de la moral" ha venido escaseando el problema mismo de la moral, ha faltado recelo para darse cuenta de que ahí hay algo problemático. Lo que los filósofos nombraban "fundamentación de la moral", demandándose realizarla a sí mismos, era solamente, si se lo ve a su verdadera luz, una manera docta de la ingenua creencia en la moral dominante, una nueva manera de expresión de esta, y, por lo tanto, una realidad. En efecto, dentro de una moralidad determinada, incluso, en definitiva, una especie de negación de que fuera válido admitir esa moral como problema, y en todo caso, lo opuesto a un examen, análisis, cuestionamiento, vivisección justamente de esa creencia. Óigase, por ejemplo, con

29 Hechos.

cuánta inocencia casi respetable, expone el mismo Schopenhauer su propia tarea, y obténganse conclusiones acerca de la cientificidad de una "ciencia" de la que sus últimos maestros siguen hablando igual que niños y viejecillas. "El principio, dice Schopenhauer (en la pág. 136 de los *Problemas fundamentales de la moral*), la tesis de base, sobre cuyo contenido todos los éticos están debidamente de acuerdo: *neminem laede, immo omnes, quantum potes, juva*[30] es justamente la tesis que todos los maestros de la ética se esfuerzan en establecer..., el legítimo fundamento de la ética, que desde hace miles de años se viene buscando como la piedra filosofal". El problema de fundamentar la mencionada tesis es grande, por supuesto, tampoco Schopenhauer lo consiguió como es sabido, y en algún momento, quien haya descubierto en profundidad la falta de gusto, la falsedad y el sentimentalismo de esa tesis en un mundo cuya condición es voluntad de poder, déjenos recordarle que Schopenhauer, a pesar de pesimista, convenientemente, tocaba la flauta cada día después de la comida, léase sobre este tema a su biógrafo. Y una pregunta de paso: un pesimista, un negador de Dios y del mundo, que se frena ante la moral, que le dice sí a la moral y toca la flauta, a la moral del *laede neminem*[31], ¿cómo es justamente un pesimista?

187

Hasta prescindiendo del valor de aseveraciones tales como "dentro de nosotros existe un imperativo categórico", siempre es permitido preguntar todavía una afirmación así, ¿qué muestra acerca de quien la hace? Hay morales que

30 No dañes a nadie. Más bien ayuda a todos en lo que puedas.
31 No dañes a nadie.

deben probar a su autor frente a otros; otras morales deben apaciguarlo y ponerlo en paz con él mismo; con otras, su autor quiere crucificarse y doblegarse a sí mismo; con otras, quiere vengarse; con otras, encubrirse; con otras, transfigurarse y situarse más allá, en la altura y en la lejanía. Esta moral le sirve a su autor para olvidar; aquella, para lograr que él sea olvidado o que se olvide alguna cosa. Más de un moralista quisiera desplegar su poder y su capricho de creador sobre la humanidad; otros tal vez, precisamente, también Kant, dan a comprender con su moral "aquello que es respetable en mí es el hecho de que yo logro obedecer, ¡y en vosotros las cosas no deben ser distintas que en mí!", en pocas palabras, las morales son solo una semiótica de los afectos.

188

En oposición al *laisser aller*[32], cualquier moral es una tiranía contra la "naturaleza", asimismo contra la "razón". Sin embargo, esto aún no forma una objeción contra ella, ya que para ello habría que decretar nuevamente, sobre la base de cierta moral, que no está permitido ningún tipo de tiranía ni de desafuero. Lo fundamental e inestimable en toda moral radica en que es una imposición prolongada. Para entender el estoicismo, o Port-Royal, o el puritanismo debe recordarse bajo qué imposición ha logrado toda lengua vigor y libertad hasta ahora, bajo la imposición métrica, bajo la tiranía de la rima y del ritmo. ¡Cuántos esfuerzos han efectuado los poetas y los oradores en cada pueblo! sin excluir a algunos prosistas de hoy, en cuyo oído

---

32   Dejar ir.

habita una conciencia inclemente "por amor a una tonte-
ría", tal como mencionan los cretinos utilitaristas que de
ese modo imaginan ser inteligentes, "por sometimiento a
leyes arbitrarias", como dicen los anarquistas, que así creen
que son "libres", hasta espíritus libres. Pero de hecho, la
sorprendente realidad es que toda la libertad, sutileza, valentía, baile y seguridad magistral que hay o ha habido en
la tierra, bien en el pensar mismo, bien en el mandar o en el
hablar y convencer, en las artes y en las buenas costumbres,
han prosperado gracias, solamente, a la "tiranía de dichas
leyes arbitrarias", y expresándolo con toda seriedad, es mucha la probabilidad de que justamente esto sea "naturaleza"
y "natural" ¡y no aquel *laisser aller!* Cualquier artista sabe
que su condición "más natural", es decir, su libertad para
ordenar, establecer, colocar, configurar en los momentos
de "inspiración", está muy alejado del sentimiento del dejarse ir, y que precisamente en tales instantes él obedece de
manera muy severa y sutil a mil leyes diferentes, las cuales
se burlan de toda enunciación hecha mediante conceptos,
basándose para ello totalmente en su dureza y en su exac-
titud. Comparado con estas, hasta el concepto más esta-
ble muestra algo de fluctuante, multiforme y equívoco. Lo
fundamental "en el cielo y en la tierra" es, aparentemente,
repitámoslo, el obedecer" durante mucho tiempo y en una
sola dirección, con esto se logra a la larga y se ha logrado
siempre, algo por lo que merece la pena vivir en la tierra,
por ejemplo: virtud, arte, música, baile, razón, espiritualidad, algo transfigurador, refinado, loco y divino. La extensa
falta de libertad del espíritu, la desconfiada imposición
en la comunicabilidad de los pensamientos, la pauta que
se imponía el pensador de pensar regido por una norma

eclesiástica o cortesana o bajo presupuestos aristotélicos, la dilatada voluntad espiritual de descifrar todo acontecimiento de acuerdo con un esquema cristiano y, de nuevo, descubrir y justificar al Dios cristiano incluso en todo azar, todo ese arrojo violento, injusto, duro, horrible, antirracional ha demostrado ser el canal a través del cual fue creciendo su fortaleza, su cruel curiosidad y su sutil movilidad en el espíritu europeo, aunque reconocemos que aquí tuvo que quedar igualmente oprimida, ahogada y corrompida una gran e irreemplazable cantidad de fortaleza y de espíritu, ya que aquí, como en todas partes, "la naturaleza" se expone tal cual es, con toda su fastuosidad pródiga e indiferente, la cual nos exaspera, pero es aristocrática. El que durante miles de años los pensadores europeos pensaran solo para demostrar algo (hoy, por el contrario, resulta dudoso todo pensador que "quiere demostrar algo"), el que para ellos permaneciera fijo desde siempre aquello que debía resultar de su reflexión más severa, de manera parecida a como sucedía antiguamente, por ejemplo, en la astrología asiática, o a como continúa ocurriendo hoy en la ingenua interpretación moral-cristiana de los sucesos más próximos y personales "para gloria de Dios" y "para la salvación del alma". Esta tiranía, esta injusticia, esta cruda y grandiosa estupidez son las que han formado el espíritu. Aparentemente, es la esclavitud, comprendida en sentido bastante rudo y al mismo tiempo en sentido bastante sutil, el camino indispensable también de la disciplina y la discriminación espirituales. Estúdiese toda moral en este sentido: la "naturaleza" que hay en ella es lo que enseña a rechazar el *laisser aller*, la libertad excesiva y lo que instaura la necesidad de horizontes limitados, de tareas cercanas, lo que enseña el acortamiento de la perspectiva y por consiguiente, en cierto sentido, la necedad como condición de vida y de crecimiento. "Tú debes obedecer a quien sea, y durante mucho tiempo, de lo contrario morirás y perderás tu último aprecio de ti mismo", este me parece ser el mandamiento moral de la naturaleza, el cual, ciertamente, ni es "categórico", como exigía de él el viejo Kant (de allí el "de lo contrario"), ni se destina al individuo (¡qué le importa a ella el individuo!), sino a pueblos, razas, períodos, jerarquías y, ante todo, al cabal animal "hombre", a el hombre.

189

Las razas trabajadoras encuentran una gran molestia en resistir la ociosidad. Fue una obra maestra de la intuición inglesa santificar y hacer aburrido el domingo a tal extremo, que el inglés vuelve a desear, sin darse cuenta, sus días de semana y de trabajo, igual que una especie de ayuno talentosamente inventado, talentosamente intercalado, del cual se pueden ver cuantiosos ejemplos también en el mundo antiguo (aunque no precisamente con vistas al trabajo, como es evidente en los pueblos meridionales). Se necesita que haya ayunos de diferentes especies, y en todas partes donde prevalecen instintos y hábitos poderosos, los legisladores deben tratar de intercalar días en los que tal instinto quede cautivo y aprenda a sentir hambre de nuevo. Observadas las cosas desde un lugar superior, cuando generaciones y épocas enteras se muestran afectadas por cierto fanatismo moral, parecen ser esos tiempos discontinuos de imposición y de ayuno, el tiempo durante los cuales un instinto aprende a inclinarse y someterse, pero igualmente a purificarse y agudizarse. También ciertas sectas filosóficas (por ejemplo, el estoicismo en medio de la cultura helenística y de su ambiente, un ambiente que se encontraba sobrecargado de perfumes afrodisíacos y que se había tornado voluptuoso), permiten tal interpretación. Esto nos facilita asimismo una premisa para explicar la paradoja de por qué justamente en la etapa más cristiana de Europa, y en general, únicamente bajo la presión de juicios de valor cristianos, el instinto sexual se ha exaltado hasta convertirse en amor (*amour-passion*).

190

Hay en la moral de Platón hay algo que como propiedad no le pertenece a Platón, sino que simplemente se halla en su filosofía a pesar de Platón, podríamos mencionar, a saber: el socratismo, para el que Platón, en realidad, era demasiado aristocrático. "Nadie quiere hacerse daño a sí mismo, de ahí que todo lo malo (*schlecht*) suceda de manera involuntaria. Ya que el hombre malo que se hace daño a sí mismo, no lo haría si supiese que lo malo es malo. De acuerdo con esto, el hombre malo es malo solamente por error. Si alguien lo despoja de su error, necesariamente, lo torna bueno". Esta manera de razonar tiene olor a plebe, la cual no reconoce en el obrar mal, más que las ingratas consecuencias y, propiamente, considera que "es estúpido obrar mal", pero reflexiona sin más que las palabras "bueno" y "útil y agradable" tienen un significado equivalente. En todo utilitarismo de la moral es válido presumir de antemano ese mismo origen y obedecer a nuestra nariz, difícilmente nos equivocaremos. Platón hizo todo lo posi-

ble por introducir algo delicado y aristocrático a la interpretación de la tesis de su maestro, sobre todo, introducirse
a sí mismo. Él, el más osado de todos los intérpretes, que
extrajo de la calle a Sócrates entero únicamente como un
tema popular y una canción del pueblo, con la intención
de hacer variaciones eternas e imposibles sobre él, a saber:
cediéndole todas sus máscaras y complicaciones propias.
Hablando en broma y, además, en la forma homérica: ¿qué
otra cosa es el Sócrates platónico sino πρόσνε Πλάτων
ὀπινέν τε Πλάτων μέσση τε Χίμαιρα?[33]

191

El viejo problema teológico de "creer" y "saber" o, dicho
con más claridad, de instinto y razón, esto es, la cuestión
de si, en lo relativo a la apreciación del valor de las cosas,
el instinto obtiene más autoridad que la racionalidad, la
cual desea que se valore y se actúe por unas razones, por un
"por qué", o sea, por un provecho y utilidad, sigue siendo
el mismo antiguo problema moral que asomó por primera
vez en la persona de Sócrates y que ya bastante antes del
cristianismo dividió los espíritus. Sócrates mismo, en realidad, había comenzado colocándose, con el gusto de su
talento, el gusto de un dialéctico superior, de parte de la razón, y en realidad, ¿qué otra cosa hizo durante toda su vida
más que burlarse de la lerda incapacidad de sus aristocráticos atenienses, quienes eran hombres de instinto como todos los aristócratas, y nunca lograban dar suficiente cuenta
de los motivos de su obrar? No obstante, en definitiva, Sócrates también se reía de sí mismo, en silencio y secreta-

---

33 Platón por delante, Platón por detrás, y en medio, la Quimera.

mente. Frente a su conciencia más sutil y frente a su fuero interno hallaba en sí mismo idéntica dificultad e idéntica incapacidad. ¡Para qué, se decía, librarse entonces de los instintos! Hay que ayudarlos a ellos y, además a la razón, a profesar sus derechos, hay que ir detrás de los instintos, pero hay que convencer a la razón a que luego vaya en su ayuda con buenos argumentos. Esta fue la verdadera falsedad de aquel grandioso y misterioso ironista. Consiguió que su conciencia se sintiera satisfecha con una especie de autoengaño, en el fondo se había dado cuenta del elemento irracional presente en el juicio moral. Platón, más ingenuo en tales asuntos y carente de la picardía del plebeyo, quiso demostrarse a sí mismo, utilizando toda su fuerza, ¡la fuerza más grande que hubo de utilizar un filósofo hasta ahora!, que razón e instinto desarrollan, de por sí, una sola meta, hacia el bien, hacia "Dios", y desde Platón, todos los teólogos y filósofos siguen el mismo camino, es decir, en cosas de moral hasta ahora ha triunfado el instinto, o "la fe", como la llaman los cristianos, o "el rebaño", como lo llamo yo. Habría que excluir a Descartes, padre del racionalismo —y en consecuencia abuelo de la Revolución—, que admitió la autoridad únicamente en la razón, pero esta es solo un instrumento, y Descartes era trivial.

192

Quien ha observado la historia de una ciencia específica halla en su desarrollo un hilo conductor para entender los procesos más antiguos y más usuales de todo "saber y conocer". En cualquier caso, lo primero que se ha desarrollado han sido las hipótesis irreflexivas, las fabulaciones, la buena y tonta voluntad de "creer", la ausencia de desconfianza y de paciencia; nuestros sentidos aprenden muy tarde, y jamás del todo, a ser órganos sutiles, fieles y prudentes de conocimiento. Frente a nuestros ojos se les hace más cómodo volver a producir, en un momento dado, una imagen ya producida a menudo, que mantener dentro de sí los elementos opuestos y novedosos de una impresión, esto último demanda más fuerza, más "moralidad". Al oído le resulta arduo y difícil escuchar algo nuevo. Una música extraña la escuchamos mal. Al oír otro idioma, involuntariamente, tratamos de darle a los sonidos escuchados la forma de palabras que para nosotros poseen un sonido más familiar y doméstico. Así, por ejemplo, en otro tiempo, del arcubalista escuchado por el alemán, se formó la palabra *Armbrust*, ballesta. Lo nuevo también encuentra adversos y mal dispuestos a nuestros sentidos y, en general, ya en los términos "más sencillos" de la sensualidad dominan afectos tales como temor, amor, odio, comprendidos los afectos pasivos de la pereza. Así como, actualmente, un lector no lee totalmente cada una de las palabras y mucho menos cada una de las sílabas de una página, por el contrario, de veinte palabras selecciona unas cinco al azar y "adivina" el sentido que posiblemente le corresponde a esas cinco palabras, así nosotros tampoco vemos un árbol de forma total y rigurosa en lo relativo a sus hojas, ramas, color, figura, se nos hace mucho más fácil imaginar una aproximación de árbol. Permanecemos actuando así, aun en medio de las experiencias más extrañas, la mayor parte de la vivencia nos la suponemos con la fantasía, y resulta complejo obligarnos a no contemplar cualquier proceso como "inventores". Todo esto quiere decir, de raíz, desde el origen, que estamos acostumbrados a mentir. O para decirlo de forma más virtuosa e hipócrita, en definitiva, más agradable, somos mucho más creativos de lo que sabemos. En el transcurso de una animada conversación con frecuencia yo veo frente a mí, de manera tan clara y precisa, el rostro de la persona con quien hablo, de acuerdo con el pensamiento que ella expresa o que yo creo haber ocasionado en ella, que ese nivel de claridad supera con creces la fuerza de mi capacidad visual, la delicadeza del juego muscular y de la expresión de los ojos tiene que haber sido agregada por lo tanto, por mi imaginación. Posiblemente, la persona tenía un rostro totalmente diferente o, a lo mejor, no tenía ninguno.

193

Quidquid luce fuit, tenebris agit[34], pero también al contrario. Las experiencias que tenemos mientras soñamos, presumiendo que las tengamos con frecuencia, acaban por formar parte del curso global de nuestra alma igual que cualquier otra vivencia "realmente" experimentada, dependiendo de esto somos más ricos o más pobres, sentimos más o menos una necesidad y, finalmente, en pleno día, e incluso en los momentos más joviales de nuestro espíritu despierto, somos llevados casi en andaderas por las costumbres adquiridas en nuestros sueños. Imaginando que alguien haya volado con frecuencia en sus sueños y, al final, apenas se pone a soñar toma consciencia de que la fuerza y el arte de volar son privilegios suyos y, asimismo, forman su felicidad más personal y envidiable: ese alguien, que cree poder hacer todo tipo de curvas y de ángulos con un suti-

---

34   Lo que estuvo en la luz actúa en las tinieblas.

lísimo impulso, que conoce el sentimiento de cierta leve-
dad divina, un "hacia arriba" sin tensión ni imposición, un
"hacia abajo" sin degradación ni humillación, ¡sin pesadez!
¡igual que un hombre que ha tenido dichas experiencias y
adquirido dichos hábitos en sus sueños no va a concluir
encontrando que la palabra "felicidad" tiene un color y un
significado diferentes, incluso para su día despierto!, ¿cómo
no va a ansiar la felicidad de manera distinta? En comparación con aquel "volar", el "vuelo" que los poetas refieren
tiene que parecerle demasiado terrenal, muscular, violento,
"pesado" en demasía.

194

La variedad de los seres humanos se revela no solo en la
diversidad de sus tablas de bienes, vale decir, en el hecho
de que supongan deseables bienes diferentes y no estén de
acuerdo entre sí, además, sobre el mayor o menor valor y
sobre la categoría de los bienes reconocidos por todos. Esa
diversidad se hace aún más evidente en lo que consideran
qué es tener y poseer un bien realmente. Por ejemplo, en lo
relativo a una mujer, el más modesto ya piensa que disponer
de su cuerpo y gozar sexualmente de él son una señal suficiente y satisfactoria del tener, del poseer. Otro, urgido por
una sed más recelosa y más exigente de posesión, observa
"el signo de interrogación", el carácter solo figurado de ese
tener, y desea pruebas más sutiles, sobre todo para saber si
la mujer, no solo se entrega a él, sino que además deja por
él lo que posee o le gustaría poseer; solo de esa manera la
considera "poseída". Pero un tercero, con eso tampoco ha
logrado aún el final de su desconfianza y de su voluntad de

tener. Este se pregunta si la mujer, cuando deja todo por él, no lo está haciendo por un fantasma de él. Primero desea ser bien conocido en profundidad, conocido incluso en sus abismos para poder ser amado en definitiva, él se atreve a dejarse adivinar. Siente que la amada está absolutamente en posesión suya únicamente cuando la amada ya no se engaña acerca de él, cuando lo ama por su estado diabólico y su insaciabilidad escondida, tanto como por su piedad, paciencia y espiritualismo. Hay quien desearía poseer un pueblo y con esa intención le parecen bien todas las artes superiores de Cagliostro y de Catilina. Otro, con una sed más ligera de posesión, se dice: "no es válido engañar cuando se desea poseer", se muestra irritado e impaciente al pensar que es una máscara de él la que gobierna sobre el corazón del pueblo, "¡en consecuencia, tengo que dejarme conocer y, antes, conocerme a mí mismo!". Entre hombres amables y caritativos encontramos de manera casi regular aquella torpe artimaña que consiste en hacerse una idea corregida de la persona a quien se trata de ayudar, pensando, por ejemplo, que esta "merece" ayuda, que precisamente ansía su ayuda, y que se manifestará profundamente agradecida, adicta y obediente a ellos por toda su ayuda. Con estas ilusiones disponen de los necesitados igual que de una propiedad suya, del mismo modo que son hombres amables y caritativos por un anhelo de propiedad. Los descubrimos celosos cuando nos cruzamos con ellos o nos adelantamos a ellos al prestar ayuda. Involuntariamente, los padres hacen de sus hijos algo semejante a ellos, a esto lo denominan "educación". En el fondo de su corazón, ninguna madre duda de que al dar a luz a su hijo, ha dado a luz una propiedad suya y ningún padre pone en discusión el derecho de que le sea válido someterlo a sus criterios y valores. Incluso en otros tiempos, a los padres les parecía correcto el disponer de la vida y la muerte del recién nacido a su antojo (tal como sucedía entre los antiguos alemanes). Y al igual que el padre, ahora, también los maestros, el estrato, el sacerdote, el soberano continúan avistando en cada nuevo ser humano una oportunidad cómoda de obtener una nueva posesión. De lo que se sigue...

195

Los judíos son un pueblo "nacido para la esclavitud", tal como expresan Tácito y todo el mundo antiguo. "El pueblo elegido entre los pueblos", tal como mencionan y creen ellos mismos, los judíos han logrado aquel prodigio de alteración de los valores gracias al cual la vida en la tierra ha obtenido, para unos cuantos milenios, un nuevo y arriesgado atractivo, sus profetas han fusionado, reduciéndolas a una sola, las palabras "rico", "ateo", "malvado", "violento", "sensual", y, por primera vez, han transfigurado la palabra "mundo" en una palabra deshonrosa. En esa inversión de los valores (de la que es parte el usar la palabra "pobre" como sinónimo de "santo" y "amigo") radica la jerarquía del pueblo judío: con él inicia el levantamiento de los esclavos en la moral.

196

Hay incontables cuerpos oscuros que hemos de suponer al lado del sol, esos que no veremos nunca. Dicho entre nosotros esto es una alegoría, y un psicólogo de la moral lee la escritura completa de las estrellas únicamente como un lenguaje alegórico y de signos que permite callar muchas cosas.

197

De manera radical se tergiversa al animal de presa y al hombre de presa (por ejemplo, a César Borgia), se tergiversa la "naturaleza" mientras se sigue buscando una "morbosidad" en el fondo de esos monstruos y plantas tropicales, los más saludables de todos, y hasta un "infierno" congénito a ellos. Cosa que han hecho hasta el momento casi todos los moralistas. ¿No da la impresión como que hay en ellos un odio contra la selva virgen y contra los trópicos? ¿Y que el "hombre tropical" debe ser desacreditado a cualquier precio, mostrándolo, bien como enfermedad y degeneración del hombre, o bien como infierno y autocastigo propios? ¿Por qué? ¿A favor de las "zonas templadas"? ¿A favor de los hombres templados? ¿De los "morales"? ¿De los mediocres? Esto va para el capítulo "Moral como forma de miedo".

198

Según se dice, todas esas morales que se orientan hacia la persona individual para proporcionarle su "felicidad", qué otra cosa son que propuestas de conducta en relación con el grado de peligro en que la persona individual vive por motivo de sí misma, fórmulas contra sus pasiones, contra sus buenas y malas tendencias, ya que estas tienen voluntad de poder y desearían desempeñar el papel de señor.

Tretas y engaños pequeños y grandes que segregan el olor rancio propio de los antiguos remedios caseros y de una sabiduría de viejas, todas ellas pomposas e irracionales en la forma, porque van dirigidas a "todos", porque generalizan donde no es válido generalizar, todas ellas hablando en un tono definitivo, tomándose a sí mismas como algo definitivo, todas ellas aderezadas únicamente con un único grano de sal, más bien tolerables y, ocasionalmente, hasta seductoras, cuando aprenden a olfatear algo demasiado condimentado y peligroso, principalmente, a olfatear "al otro mundo". Considerado intelectualmente, todo esto es de poco valor, y todavía no es, ni de lejos, "ciencia", y menos aún "sabiduría", sino, dicho por segunda y por tercera vez, viveza, viveza, viveza, unida con estupidez, estupidez, estupidez, ya sea aquella apatía y aquella frialdad de estatuas frente a la ardiente estupidez de los afectos que los estoicos recomendaban y ordenaban como medicina, ya de aquel *dejar de reír* y *dejar de llorar* de Spinoza, su tan inocentemente recomendada destrucción de los afectos por medio de su análisis y vivisección, ya de aquel derrumbe de los afectos que los reduce a una inofensiva mediocridad, en la que es permitido satisfacerlos, el aristotelismo de la moral, incluso, ya de la moral entendida como disfrute de los afectos, pero premeditadamente mitigados y espiritualizados mediante el simbolismo del arte, entendido, por ejemplo, como música, o como amor a Dios, o como amor a los hombres por amor a Dios pues en la religión los entusiasmos vuelven a tener derecho de ciudadanía, imaginando que... ya se trate, definitivamente, hasta de aquella amable y traviesa entrega a los afectos revelada por Hafis y por Goethe, de aquel atrevido dejar sueltas las riendas, de aquella corporal-espiritual *licencia morum*[35], en el extraordinario caso de viejos y cultos estrafalarios y beodos, en los que "representa poco peligro ya". Esto también va para el capítulo "Moral como forma de miedo".

199

Dado que desde que existen hombres, en todas las épocas también han existido rebaños humanos (agrupaciones familiares, comunidades, castas, pueblos, estados, templos), y que invariablemente los que han obedecido han sido muchísimos con relación al minúsculo número de los que han mandado, considerando por lo tanto que hasta el momento, la obediencia ha sido la cosa mejor y más extensamente ensayada y cultivada entre los hombres, hablando en general, en justicia es válido presuponer que cada uno ahora lleva innata en sí la necesidad de obedecer, como una cierta conciencia formal que determina: "se trate de lo que se trate, tienes que hacerlo de forma incondicional o abstenerte de ello incondicionalmente", dicho de otra forma: "tú debes".

Esta necesidad experimentada por el hombre trata de saturarse y de llenar su forma con un contenido, en esto, y de acuerdo con su fortaleza, su inquietud y su tensión, esta necesidad se comporta de modo poco selectivo, igual que una apetencia grosera, y reconoce lo que al oído le clama cualquiera de los que mandan: padres, profesores, leyes, prejuicios estamentales, sentencias públicas. La inusual limitación del desarrollo humano, el carácter vacilante, lento, con frecuencia regresivo y tortuoso de ese desarrollo

---

35 Licencia de las costumbres.

reposa en el hecho de que el instinto gregario de obediencia es lo que se hereda mejor a costa del arte de mandar. Si suponemos ese instinto llevado hasta sus últimos descarríos, al final faltarán hombres que den órdenes y que sean independientes, o estos padecerán interiormente de mala conciencia y tendrán necesidad, para poder dar órdenes, de fingirse a sí mismos un engaño, es decir, aquel de que también ellos están limitados a obedecer. De hecho, esta es la situación que se vive hoy en Europa. Yo la denomino la hipocresía moral de los que mandan. No saben cuidarse contra su mala conciencia más que adoptando el aire de ser quienes ejecutan las órdenes más antiguas o más elevadas (de los antepasados, de la Constitución, del derecho, de las leyes o hasta de Dios), o hasta tomando prestadas máximas gregarias a la manera de pensar gregaria, mostrándose, por ejemplo, como los "principales servidores de su pueblo" o como "instrumentos del bien común". Por otra parte, hoy en Europa, el hombre gregario presume de ser el único tipo permitido de hombre y enaltece sus cualidades, que lo hacen sumiso, conciliador y útil para el rebaño, como las auténticas virtudes humanas, a saber: espíritu comunitario, benevolencia, deferencia, diligencia, moderación, modestia, indulgencia, compasión. Y en aquellas situaciones en que se piensa que no es posible abstenerse de jefes y carneros-guías, hoy se hacen ensayos tras ensayos para reemplazar a los hombres de mando por el aumento acumulativo de inteligentes hombres de rebaño. Ese es el origen, por ejemplo, de todas las Constituciones representativas. Qué alivio tan grande, qué liberación de una presión que se convertía en insoportable establece, a pesar de todo, para estos europeos-animales de rebaño, la aparición de un hombre que dicte órdenes incondicionalmente, eso es algo de lo que el surgimiento de Napoleón nos ha dado el último gran testimonio. La historia de la influencia de Napoleón es prácticamente la historia de la felicidad superior lograda durante todo este siglo en sus hombres y en sus momentos más valiosos.

200

El hombre que pertenece a una época de disolución, la cual une unas razas con otras, el hombre que por ser tal, acarrea en su cuerpo la herencia de una estirpe multiforme, vale decir, instintos y criterios de valor antitéticos y, con frecuencia, ni siquiera solo antitéticos que se combaten mutuamente y pocas veces se dan descanso, tal hombre de las culturas tardías y de las luces refractadas será usualmente un hombre bastante débil, su aspiración más sustancial consiste en que la guerra que es él, concluya alguna vez; la felicidad se le muestra, ante todo, conforme a una medicina y una mentalidad tranquilizantes (por ejemplo, epicúreas o cristianas), como la felicidad del sosiego, de la tranquilidad, del hartazgo, de la unidad final, como el "sábado de los sábados", para expresarlo como el santo retórico Agustín, que era, él también, uno de esos hombres. Si por el contrario, la antítesis y la guerra operan en una naturaleza de esa índole como un atractivo y un estimulante adicional de la vida, y si por otro lado, una legítima maestría y sutileza en el guerrear con uno mismo, es otras palabras, en el dominarse a uno mismo, en el engañarse a uno mismo, se suman, por herencia y por formación, a sus enérgicos e inconciliables instintos, entonces, aparecen aquellos seres mágicamente inaprehensibles e inimaginables, aquellos seres enigmáticos consagrados a vencer y a seducir, cuya manifestación más hermosa son Alcibíades y César (a quienes me gustaría sumar aquel que fue, para mi agrado, el primer europeo: Federico II Hohenstaufen), y, entre los artistas, posiblemente Leonardo da Vinci. Ellos aparecen íntegramente en las mismas épocas en que el primer plano es ocupado por aquel tipo más débil con su deseo de sosiego. Ambos tipos se encuentran relacionados entre sí y nacen de causas idénticas.

201

No puede haber "moral del amor al prójimo" mientras la utilidad que prevalezca en los juicios morales de valor, sea únicamente la utilidad del rebaño, mientras la mirada esté orientada exclusivamente a la subsistencia de la comunidad, y se busque lo inmoral, justa y precisamente en lo que parece peligroso para la subsistencia de la comunidad; mientras esto suceda. Incluso, suponiendo que aquí también haya un pequeño y permanente ejercicio del respeto, de la piedad, de la igualdad, de la dulzura, de la correspondencia en el prestar auxilio, incluso imaginando que en ese estado de la sociedad obren ya todos aquellos instintos a los que luego se les da el decente nombre de "virtudes" y que, a lo último, casi concuerdan con el concepto de "moralidad". En esa época, tales cosas todavía no son parte, de ninguna manera, del reino de las valoraciones morales, aún son extramorales. Por ejemplo, en la sobresaliente época romana, a una acción compasiva, no se la enjuiciaba ni de buena ni de mala, ni de moral ni de inmoral, y cuando se la alababa, aun con dicha alabanza seguía siendo perfectamente compatible un cierto e involuntario menosprecio, es decir, tan pronto como se la comparaba con cualquier acción que fuera útil al fomento del todo, de la cosa pública. Definitivamente, el "amor al prójimo" siempre es, con relación al temor al prójimo, una cosa secundaria, algo en parte convencional y aparente-arbitrario. Cuando la estructura de la sociedad en su totalidad ha quedado afianzada y parece protegida contra peligros exteriores, es este temor al prójimo el que vuelve a determinar nuevas visiones de valoración moral. Algunos instintos fuertes y peligrosos, como el placer de acometer empresas, la loca audacia, el deseo de venganza, la astucia, el pillaje, la sed de poder, que hasta este momento tenían que ser, no solamente honrados bajo nombres diferentes, como es evidente, a los que acabamos de elegir, sino desarrollados y ejercitados en un sentido de utilidad colectiva (porque cuando el todo se hallaba en peligro, se tenía una necesidad permanente de ellos para protegerse contra los enemigos del todo), a partir de ahora son sentidos, con magnificada fuerza, como peligrosos. Ahora, cuando escasean los canales de derivación para ellos y, paso a paso, son considerados inmorales y dados a la difamación. Los instintos e inclinaciones antitéticos de ellos ahora obtienen honores morales; el instinto de rebaño muestra paso a paso su consecuencia. El mayor o menor grado de peligro que para la comunidad, que para la igualdad, existe en una opinión, en un estado de ánimo y un afecto, en una voluntad, en un don, eso es lo que ahora conforma la perspectiva moral. Aquí también, el miedo es de nuevo el padre de la moral. Cuando los instintos más sublimes y más fuertes, irrumpiendo con pasión, empujan al individuo más allá y

sobre el término medio y de la profundidad de la conciencia gregaria, entonces, el sentimiento de la dignidad propia
del grupo se derrumba, y su fe en ella misma, su espina
dorsal, por decirlo con otras palabras, se hace pedazos; en
consecuencia, a lo que más se estigmatizará y se calumniará
será totalmente a esos instintos. La espiritualidad elevada
e independiente, la voluntad de estar solo, la gran razón,
son percibidas ya como peligro; todo lo que engrandece al
individuo por encima del rebaño y causa temor al prójimo,
a partir de este momento es calificado de infame (*böse*); los
sentimientos equilibrados, modestos, sumisos, igualitarios,
las mediocridades de las apetencias ahora obtienen nombres y honores morales. Al final, en situaciones de mucha
paz escasean cada vez más el momento y la necesidad de
formar nuestro propio sentimiento para la severidad y la
dureza. Y ahora, toda severidad, incluso en la justicia, em-
piezan a incomodar a la conciencia. Una aristocracia y una
autorresponsabilidad elevadas y duras son elementos que
casi insultan y que estimulan desconfianza, "el cordero" y,
aún más, "la oveja" triunfan en consideración. Existe un
punto en la historia de la sociedad en el cual el reblandecimiento y el languidecimiento enfermizos son tales que
ambos comienzan a tomar posición a favor de quien los
desfavorece, a favor del criminal, y desde luego, lo hacen
de forma seria y decorosa. Castigar les parece perverso en
cierto sentido, y ciertamente, la idea del "castigo" y del
"deber-castigar" les produce daño, les causa miedo. "¿No
es suficiente con hacer no-peligroso al criminal? ¿Para qué
castigarlo, además? ¡El castigar es cosa espantosa!", la moral
del rebaño, la moral del miedo, saca su última consecuencia con esa pregunta. Imaginando que fuera posible lograr

eliminar el peligro, el motivo de temor, entonces, también se habrá eliminado esa moral, ¡ya no sería necesaria, ya no se supondría a ella misma como necesaria! Quien explore la conciencia del europeo actual tendrá que extraer siempre, de mil dobleces y escondites morales, el mismo imperativo, el imperativo del temor gregario: "¡queremos que alguna vez ya no exista nada que temer!". Alguna vez la voluntad y el camino que lleva hacia allá, es llamado actualmente, en todas partes de Europa, "progreso".

202

Es preciso repetir lo que tantas veces hemos mencionado, pues hoy los oídos no oyen de buena manera tales verdades —nuestras verdades—. Ya sabemos, suficientemente, que tan ofensivo resulta escuchar que alguien incluya al hombre entre los animales, de manera llana y sin metáforas, pero a nosotros se nos acusa, casi como una culpa, el que usemos constantemente, y precisamente con relación a los hombres de las "ideas modernas", las expresiones "rebaño", "instintos gregarios" y otras parecidas. ¡Qué importancia tiene! No podemos actuar de otra manera, pues justamente en esto consiste nuestra nueva forma de ver las cosas. Hemos hallado que Europa, incluidos los países en que el influjo europeo es dominante, se ha vuelto uniforme en todos los juicios morales capitales. En Europa, es evidente, se conoce aquello que Sócrates decía no conocer y que la vieja y célebre serpiente un día prometió enseñar. Hoy se "sabe" qué es el bien y qué es el mal. Por eso tiene que repicar duro y llegar mal a los oídos el que nosotros presionemos una y otra vez en esto: es el instinto del animal gregario hombre el que aquí cree saber, el que aquí, con sus cumplidos y sus censuras, se ensalza a sí mismo, se considera bueno a sí mismo. Ese instinto ha conseguido irrumpir, resaltar, predominar sobre todos los demás instintos y sigue lográndolo cada vez más, en la medida que aumentan la proximidad y el parecido fisiológicos, de los cuáles él es síntoma. La moral es, actualmente en Europa, la moral del animal de rebaño, por lo cual, según comprendemos nosotros las cosas, no es otra cosa que una especie de moral humana, al lado de la cual, frente a la cual, detrás de la cual son o deberían ser posibles infinidad de otras morales, sobre todo morales superiores. Contra esa "posibilidad", contra ese "deberían", esa moral se resguarda, no obstante, con todas sus fuerzas, ella expresa con insistencia y firmeza: "¡Yo soy la moral misma y no existe ninguna otra moral!", hasta se ha alcanzado, con ayuda de una religión que se ha encontrado a favor de los deseos más elevados del animal de rebaño y los ha elogiado, se ha alcanzado el que nosotros mismos hallemos una expresión cada vez más manifiesta de esa moral en las instituciones políticas y sociales. El movimiento democrático forma la herencia del movimiento cristiano. Ahora bien, que el *tempo* de ese movimiento les resulte excesivamente lento y adormilado a los más impacientes, a los enfermos y envenenados del mencionado instinto, lo certifican los alaridos cada vez más furibundos, los rechinamientos de dientes cada vez menos enmascarados de los perros-anarquistas que ahora deambulan por las calles de la cultura europea. En antítesis, y en apariencia a los tranquilos y afanosos demócratas e ideólogos de la Revolución, y más aún, a los filosofastros estúpidos y los idealistas de la fraternidad que se denominan a sí mismos socialistas y desean la "sociedad libre", pero que en realidad coinciden con todos quienes en su hostilidad esencial e instintiva a cualquier forma de sociedad disímil a la del rebaño autónomo (hasta llegar a rechazar incluso las nociones de "señor" y de "siervo", *ni dieu ni maître*, dice una fórmula socialista; coinciden en la obstinada resistencia contra cualquier pretensión especial, contra cualquier derecho especial y cualquier privilegio (y esto quiere decir, en última instancia, contra cualquier derecho, pues cuando todos son iguales, ya nadie necesita "derechos"), están de acuerdo en la desconfianza contra la justicia correctiva (como si esta fuera una violencia practicada sobre el más débil, una injusticia de cara a la forzosa consecuencia de cualquier sociedad previa); pero, que exista, se sufra (hasta resultar en animal, hasta llegar a "Dios"). El absurdo de una "compasión para con Dios" es propia de un período democrático. Todos ellos coinciden en el lamento y en la impaciencia de la compasión, en el odio mortal al sufrimiento en sí mismo, en la imposibilidad casi femenina para poder observarlo como espectador, para poder hacer sufrir; coinciden en el oscurecimiento y reblandecimiento no voluntarios bajo cuyo embrujo Europa parece amenazada por un budismo nuevo; coinciden en creer en la moral de la compasión comunitaria, como si esta fuera la moral genuina, la cima, la sobrepasada cima del hombre, la única expectativa del futuro, el consuelo de los hombres actuales, la gran liberación de toda culpa de otro tiempo. Todos ellos coinciden en la creencia de que la comunidad es la redentora, y por ello, en la fe en el rebaño, en la fe en "sí mismos"...

203

Nosotros, los que tenemos otra fe, nosotros, quienes suponemos el movimiento democrático no solo como una manera de decadencia de la organización política, sino como manera de decadencia, es decir, de empequeñecimiento del hombre, como su mediocrización y como su degradación de valor, ¿dónde tendremos que dirigirnos nosotros con nuestras esperanzas? A filósofos nuevos, no hay otra elección, a espíritus lo bastante fuertes y originarios como para estimular hacia valoraciones confrontadas y para transvalorar, para invertir "valores eternos". A iniciadores, a hombres del futuro, que en el presente enlacen la coacción y el nudo, que coaccionen a la voluntad de milenios a continuar por nuevos caminos. Para enseñar al hombre que el futuro del hombre es su voluntad, que depende de una voluntad humana, y para disponer grandes riesgos y pruebas globales de disciplina y selección dirigidos a terminar con aquel espantoso dominio del absurdo y del azar que hasta el momento se ha llamado "historia". Lo ilógico del "número máximo" es únicamente su última forma. En cierto instante, para esto será necesario una nueva clase de filósofos y de hombres de mando, cuya imagen conseguirá que todos los espíritus ocultos, terribles y benévolos que han existido sobre la tierra aparezcan, sin duda, demacrados y enanos. La imagen de esos jefes es la que se cuela frente a nuestros ojos: ¿me es permitido decirlo en voz alta, espíritus libres? Las condiciones que habría que desarrollar en parte y, en parte habría que beneficiar para que aquellos germinen; las rutas y pruebas previsibles mediante las cuales un alma alcanzaría cierta altura y un poder tal que sintiera la obligación de ejecutar tales tareas; una transvaloración de los valores bajo cuya presión y martillo nuevos se forjaría una conciencia, un corazón se convertiría en bronce, de forma que soportara el peso de tal responsabilidad. Por otra parte, la necesidad de dichos jefes, el pavoroso peligro de que puedan faltar o malograrse o arruinarse, estas son nuestras verdaderas preocupaciones y oscurecimientos, ¿lo saben, espíritus libres?, estos son los pensamientos y torbellinos pesados y distantes que cruzan el cielo de nuestra vida. Hay pocos dolores tan agudos como el haber observado, el haber adivinado, el haber experimentado alguna vez cómo un hombre extraordinario se alejaba de su ruta y declinaba, pero quien tiene los extraños ojos que dejan ver el peligro global de que "el hombre" mismo decline, quién, como nosotros, ha conocido la cruel azarosidad que hasta el momento ha jugado su juego con relación al futuro del hombre. ¡Un juego en el que no participaba ninguna mano y ni siquiera un "dedo de Dios"! Quién puede adivinar la fatalidad que se esconde en la idiota inercia y credulidad de las "ideas modernas", y más aún, en toda la moral europeo-cristiana, ese sufre una preocupación que no es comparable con ninguna otra. En efecto, él cubre con una sola mirada todo aquello que, con una propicia concentración y aumento de fuerzas y de tareas, podría extraerse del hombre mediante su selección, él sabe con todo el conocimiento de su conciencia, cómo el hombre aún no está acabado para las posibilidades máximas, y con qué frecuencia el tipo hombre se ha visto ya de cara a decisiones recónditas y de cara a nuevos caminos; y sabe más aún, por su apenadísimo recuerdo, contra qué mezquinas cosas ha tropezado hasta ahora de ordinario un ser de rango más alto en su

evolución, zozobrando, quebrándose, deshaciéndose, aho-
gándose, volviéndose miserable. La degeneración completa
del hombre, hasta degradarse en aquello que hoy les parece
a los cretinos y estúpidos socialistas su "hombre del futuro", ¡su ideal! Esa degradación y decrecimiento del hombre en definitivo animal de rebaño (o, como ellos señalan,
en hombre de la "sociedad libre"), esa animalización del
hombre hasta transformarse en animal enano provisto de
igualdad de derechos y exigencias es posible, ¡no hay duda!
Quien alguna vez ha reflexionado en esa posibilidad hasta
el final, domina una náusea más que los demás hombres,
¡y, posiblemente, también una nueva labor a emprender!

Sexta parte

Nosotros los sabios

204

A riesgo de que el moralizar exprese ser, aquí también, lo que siempre ha sido, o sea, un osado *montrer ses plaies*[36] de acuerdo con Balzac, yo me atrevería a enfrentarme a un indebido y perjudicial desplazamiento de rango que hoy, de modo totalmente inadvertido e igual que la mejor conciencia, amenaza con permanecer entre la ciencia y la filosofía. Quiero señalar que, tomando nuestra experiencia, ¿experiencia quiere decir siempre, de acuerdo con mi parecer, mala experiencia?, hemos de tener derecho a formar parte de la discusión sobre esa notoria cuestión de rango, para no hablar del color como hablan los ciegos, o como hablan oponiéndose a la ciencia las mujeres y los artistas ("¡Ay, esa perversa ciencia!", se quejan el instinto y el pudor de estos, "¡ella averigua siempre lo que se encuentra detrás de las cosas!"). La declaración de independencia del hombre científico, su liberación de la filosofía, es una de las consecuencias más leves del orden y desorden democráticos: la autoglorificación y autoexaltación del sabio hoy se encuentra, por todos lados, en pleno auge y en su mejor primavera, con lo que no queremos decir que, en este caso, el halago de sí mismo tenga un aroma agradable. "¡Nada de amos!". Eso es lo que aquí también anhela el instinto del hombre plebeyo, y después de que la ciencia se ha liberado,

---

36   Mostrar las propias llagas.

con el éxito más feliz, de la teología de la que fue "sierva" durante tanto tiempo, ahora desea con absoluta altanería e insensatez dictar leyes a la filosofía y personificar, por su parte, el papel de señor —¿qué he dicho?—, de filósofo. Mi memoria ¡la memoria de un hombre científico, se me permita decirlo! rebosa de las ingenuidades fundadas en la soberbia, que sobre la filosofía y los filósofos he oído expresar a los jóvenes investigadores de la naturaleza y a los viejos médicos (por no hablar de los más cultos y más engreídos de todos los estudiosos, los filólogos y pedagogos, que son las dos cosas por profesión). En algunas oportunidades era el especialista y mozo de esquina quien por instinto se ponía en guardia contra las actividades y capacidades sintéticas, otras, el trabajador diligente quien había sentido un olor de *otium*[37] y de elegante exuberancia en la economía psíquica del filósofo, y que por esa razón se sentía menoscabado y disminuido. Otras veces, era ese daltonismo del hombre utilitario que solo observa en la filosofía una serie de métodos refutados y un profuso lujo que a nadie "aprovecha". Otras, lo que destacaba era el miedo a un misticismo disfrazado y a una corrección de las fronteras del conocer; a veces era la desestimación de ciertas filosofías la que se había generalizado caprichosamente, transformándose en desestimación de la filosofía misma. En fin, con muchísima frecuencia encontré en jóvenes instruidos, detrás de la soberbia desestimación de la filosofía, la retorcida repercusión de un filósofo, a quien, indudablemente, se le había negado obediencia en conjunto pero sin haber escapado al embrujo de sus despectivas valoraciones de otros filósofos, lo que daba como resultado una inclinación global

---

37 Ocio.

de ánimo que se oponía a toda filosofía. (Esta me parece que es, por ejemplo, la repercusión de Schopenhauer sobre la Alemania más actual. Con su poco inteligente ira contra Hegel ha logrado que la última generación completa de alemanes se separe del vínculo con la cultura alemana, cultura que, bien calculadas todas las cosas, ha representado un tope y la agudeza adivinatoria del sentido histórico. Pero Schopenhauer mismo era, precisamente en este aspecto, tan pobre, tan poco receptivo y tan poco alemán, que alcanzaba la genialidad). Hablando de modo general, quizá haya sido básicamente lo humano, demasiado humano en definitiva, la miseria misma de los nuevos filósofos, lo que de una manera más radical haya deteriorado el respeto a la filosofía y haya abierto las puertas al instinto del hombre de la plebe. Vamos a confesar, pues, hasta qué punto necesita nuestro mundo moderno la especie completa de los Heráclitos, Platones, Empédocles y como se hayan llamado todos esos majestuosos y magníficos ermitaños del espíritu, y con qué razón, a la vista de los representantes de la filosofía que actualmente, gracias a la moda, están muy por encima y muy por debajo —por ejemplo, en Alemania, los dos leones de Berlín, el anarquista Eugen Dühring y el amalgamista Eduard von Hartmann—, le es válido a un honesto hombre de ciencia considerarse de una especie y una ascendencia mejores. En especial, es el espectáculo de esos filósofos del montón que se denominan a sí mismos "filósofos de la realidad" o "positivistas" lo que logra introducir una peligrosa desconfianza en el alma de un joven erudito y ambicioso; estos son, ciertamente, en el mejor de los casos, doctos y especialistas, ¡eso se percibe!, estos son, sin dudas, todos ellos, hombres derrotados y sometidos de nuevo a la autoridad de la ciencia, que alguna vez han deseado de sí algo más, sin tener algún derecho a ese "más" y a la responsabilidad de ese "más", y que actualmente, honorables, rabiosos, vengativos, con sus palabras y sus hechos simbolizan la falta de fe en la tarea señorial y en la autoridad de la filosofía. En fin: ¡cómo podría ser de otra manera! Hoy la ciencia prospera y muestra en su rostro con exuberancia la buena conciencia, mientras que aquello en lo que poco a poco ha terminado toda la filosofía alemana reciente, ese resto de filosofía de hoy provoca desconfianza y incomodidad contra sí, cuando no burla y lástima. La filosofía reducida a "teoría del conocimiento", y que de hecho ya es solo una tímida epojística y doctrina de la abstinencia: una filosofía que solo llega hasta el umbral y que esmeradamente se prohíbe el derecho a entrar, esa es una filosofía que se encuentra en las últimas, un final, una agonía, algo que causa compasión. ¡Cómo lograría dominar semejante filosofía!

205

Los peligros que coaccionan al desarrollo del filósofo son actualmente en verdad tan variados que se puede dudar de que ese fruto logre llegar, en absoluto, a madurar. La dimensión de las ciencias, la torre edificada por ellas, han crecido de modo gigantesco, con lo que también ha aumentado la posibilidad de que el filósofo se agote, ya mientras aprende o se deje estancar en un lugar cualquiera y "especializarse", de forma que ya no alcance, en absoluto, hasta su altura, es decir, que no posea una mirada desde arriba, a la redonda y hacia abajo. O que llegue arriba demasiado tarde, cuando su mejor momento y su mejor fuerza se han ido; o que llegue dañado, embrutecido, degenerado, de manera que su mirada, su juicio integral de valor signifiquen muy poco. Tal vez sea precisamente el refinamiento de su conciencia intelectual lo que le haga titubear en el camino y retrasarse; siente miedo de la seducción que lo estimula a convertirse en diletante, en ciempiés y en ciententáculos, sabe bastante bien que quien se ha perdido el respeto a sí mismo ya no es, menos en cuanto hombre de conocimiento, quien manda, quien guía; tendría, entonces, que desear convertirse en el gran comediante, en el Cagliostro y cazarratas filosófico de los espíritus, en definitiva, en seductor. Esto, en última instancia, es un asunto de conciencia. A lo cual se agrega, para duplicar aún más la dificultad del filósofo, que este se exige a sí mismo emitir un juicio, un sí o un no, no acerca de las ciencias, sino sobre la vida y el valor de la vida, que le es difícil aprender a creer que él tenga derecho o incluso deber de emitir ese juicio, y que únicamente partiendo de las vivencias más amplias tal vez las más perturbadoras, las más demoledoras y a menudo titubeando, dudando, enmudeciendo, es como él tiene que encontrar su camino hacia ese juicio y esa creencia. De hecho, durante mucho tiempo la multitud no ha logrado comprender al filósofo y lo ha confundido con otros, sea con el hombre científico y con el erudito ideal, sea con el iluso y embriagado de Dios, religiosamente elevado, desensualizado, "desmundanizado"; y cuando hoy escuchamos que se enaltece a alguien expresando que vive "sabiamente" o "como un filósofo", eso solo significa que vive "de modo inteligente y apartado". Sabiduría: a la plebe la sabiduría le parece un cierto tipo de escape, un medio y artificio para huir bien de un mal juego; pero el verdadero filósofo ¿no nos parece así a nosotros, amigos míos? vive de modo "no filosófico" y "no sabio", especialmente, de modo no inteligente, y siente el peso y el deber de cien intentos y tentaciones de la vida: se expone a sí mismo constantemente, juega el mal juego...

206

En relación con un genio, o sea, con un ser que o bien fertiliza a otro, o bien él da a luz, tomadas ambas expresiones en su más amplia extensión, el erudito, el hombre de ciencia medio, siempre posee algo de solterona, pues como esta, no comprende nada de las dos funciones más preciosas del ser humano. De hecho, a uno y otro, a eruditos y a solteronas, a modo de resarcimiento, por así decirlo, se les reconoce respetabilidad, en estos casos se acentúa la respetabilidad, y la forzosidad de ese reconocimiento suministra idéntica dosis de incomodidad. Observemos las cosas con más detalle: ¿qué es el hombre científico? Por lo pronto, un tipo no aristocrático de hombre, con las virtudes de una clase no aristocrática de hombre, en otras palabras, no dominante, no autoritaria y tampoco alegre de sí misma. El hombre científico tiene dedicación, paciencia para ocupar su sitio en la fila, método y prudencia en sus capacidades y necesidades, posee el instinto para reconocer quiénes son sus iguales y qué es lo que esos iguales necesitan, por ejemplo, esa porción de independencia y de prado verde sin la que no hay sosiego en el trabajo, esa pretensión de que se lo dignifique y reconozca (la cual admite, primero y sobre todo, conocimiento, cognoscibilidad), aquel rayo de sol de un buen nombre, aquella permanente insistencia en su valor y en su utilidad, con la que se necesita superar, una y otra vez, la profunda desconfianza que existe en el fondo del corazón de todos los hombres dependientes y animales de rebaño. El erudito tiene también, como es evidente, las enfermedades y fallos de una clase no aristocrática: tiene abundante envidia pequeña y tiene un ojo de lince para observar cuanto de bajo se encuentra en las naturalezas a cuyas alturas él no puede subir, Es confiado, pero únicamente como uno que se deja ir paso a paso, pero no correr como una corriente y, precisamente, el erudito adopta frente al hombre de la gran corriente una actitud tanto más fría y cerrada, entonces, su ojo es igual a un lago liso y disgustado en el que ya no se percibe la onda de ningún embeleso, de ningún agrado. Las peores cosas y las más peligrosas que un erudito es capaz de hacer le surgen del instinto de mediocridad de su especie, de aquel jesuitismo de la mediocridad que trabaja por instinto para destruir al hombre no habitual y que trata de romper o ¡mejor todavía! aflojar todo arco tenso. Aflojarlo, por supuesto, con consideración, con mano complaciente, aflojarlo con afectuosa compasión. Este es el verdadero arte del jesuitismo, que siempre ha sabido mostrarse como religión de la compasión.

207

Por grande que sea el reconocimiento con que amparemos el espíritu objetivo ¡y quién no habría estado ya, en algún momento, harto a morir de todo lo subjetivo y de su maligna "ipsissimosidad"!, al final, debemos aprender a tener prudencia también con nuestro agradecimiento y colocar un freno a la exageración con que la renuncia del espíritu a sí mismo y su despersonalización están siendo celebradas últimamente como si fueran, por decirlo de algún modo, un objetivo en sí, una redención y transfiguración; cosa que suele suceder sobre todo dentro de la escuela de los pesimistas, escuela que por su lado, también posee buenos motivos para otorgar los más grandes honores al "conocer desinteresado". El hombre objetivo, que ya no arroja maldiciones y ofensas como el pesimista, el erudito ideal, en el que el instinto científico logra florecer y prosperar después de miles de fracasos totales y de fracasos a medias, con toda seguridad es uno de los instrumentos más valiosos que existen, pero debe ser dirigido por alguien más poderoso. Él es solamente un instrumento, es decir, un espejo, no un "propósito en sí mismo". El hombre objetivo, de hecho, es un espejo: acostumbrado a someterse a todo aquello que desea ser conocido, sin ningún otro disfrute que el que le otorga el conocer, el "reflejar", ese hombre espera hasta que algo llega, y entonces se explaya con delicadeza para que, sobre su superficie y piel, tampoco se extravíen las huellas ligeras y el efímero deslizarse de seres fantasmales. El resto de "persona" que aún le queda le parece algo casual, algo con frecuencia absurdo y, con mayor frecuencia aún, perturbador. Hasta ese punto se ha convertido a sí mismo en lugar de paso y en reflejo de imágenes y acontecimientos ajenos. Le cuesta recapacitar sobre "sí mismo" y no pocas veces se equivoca al hacerlo; fácilmente, se engaña a sí mismo con otros, se equivoca con respecto a sus propias necesidades, y en esto es lo único en lo que se muestra tosco e indolente. Posiblemente lo aflijan la salud, o la mezquindad y el aire viciado de mujeres y amigos, o la ausencia de compañeros y compañía, hasta se obliga a sí mismo a reflexionar sobre su martirio ¡en vano! Ya su pensamiento revolotea lejos, avanzando hacia el caso más general, y mañana, sabrá tan poco como sabía ayer de qué manera se le ha de ayudar. Ha perdido la formalidad para consigo mismo y también el tiempo; es alegre, y no por escasez de penas, sino por falta de dedos y manos para palpar sus penas. La condescendencia habitual con cualquier cosa y acontecimiento, la jovial y ecuánime hospitalidad con que recibe todo lo que choca con él, su especie de poco considerada compasión, de peligrosa despreocupación por el sí y el no. ¡Ay, se dan muchos casos en que debe expiar esas virtudes suyas!, y en cuanto ser humano, se transforma con excesiva facilidad en el *caput mortuum*[38] de esas virtudes. Si se desea de él amor y odio, quiero decir, amor y odio de forma como los conciben Dios, la mujer y el animal: él hará lo que esté a su alcance, y dará lo que esté a su alcance. Pero no debemos sorprendernos de que no sea mucho, de que precisamente en esto se muestre poco auténtico, débil, equívoco y podrido. Su amor es querido, su odio es falso y más bien un *tour de forcé*[39], pequeña exhibición de vanidad y exageración. En realidad, él es auténtico únicamente en la medida en que le es permitido ser objetivo: únicamente en su alegre totalismo sigue siendo "naturaleza" y "natural". Su alma reflectante y que está alisándose eternamente ya no sabe afirmar, ya no sabe negar; no da órdenes y tampoco destruye. *Je ne méprise presque rien*[40] dice junto a Leibniz: ¡no se pase por alto, ni se desestime el *presque!* Tampoco es un hombre modelo; no va por delante de nadie, ni detrás

38   Residuo inútil.
39   Exhibición.
40   Yo no desprecio casi nada

de nadie; generalmente, se sitúa bastante lejos como para tener razones para tomar partido entre el bien y el mal. Al ser confundido durante tanto tiempo con el filósofo, con el cesáreo disciplinador y violentador de la cultura, se le han brindado honores demasiado altos y se ha dejado de observar lo más esencial que existe en él, él es una herramienta, un ejemplar de esclavo, aunque además, indudablemente, la clase más sublime de esclavo, pero, él en sí mismo, nada, *presque rien!* El hombre objetivo es un instrumento, un instrumento para medir y una obra maestra de espejo, hermoso, fácil de quebrar y de empañar, al que se debe tratar con delicadeza y honrar, pero no es un objetivo, un resultado y elevación, un hombre complementario en quien se justifique el resto de la existencia, no es una conclusión y menos aún es un inicio, una procreación y causa primera, no es algo torpe, vigoroso, plantado en sí mismo, que quiere ser señor, antes bien, únicamente es un delicado, abultado, fino, inestable recipiente formal, que tiene que esperar un contenido y una sustancia cualquiera para "conformarse" a sí mismo de acuerdo con ellos, comúnmente, es un hombre sin contenido ni sustancia, un hombre "sin sí mismo". Como resultado, tampoco es una cosa para mujeres, dicho sea *in parenthesi.*

208

Cuando, actualmente, un filósofo da a entender que él no es un escéptico, yo insisto en que se haya distinguido eso en la descripción que acabo de hacer del espíritu objetivo. Todo el mundo escucha eso con disgusto, lo analiza con cierta desconfianza, le querrían hacer mil preguntas..., hasta, entre los oyentes asustadizos, que existen ahora en considerable cantidad, desde ese instante se le califica de peligroso. Les parece como si, en el desprecio del escepticismo por parte de aquel, ellos oyeran desde lejos un sonido malvado y amenazador, como si en algún lugar se estuviera probando una nueva sustancia explosiva, una dinamita del espíritu, hasta una nihilina rusa recién descubierta, un pesimismo *bonae voluntatis*[41] que no se restringe a decir no, a querer no, sino ¡cosa espantosa de pensar! a hacer no. Contra esa clase de "buena voluntad", una voluntad de negación auténtica y efectiva de la vida no hay en la actualidad, según es admitido por todos, somnífero y sedante más adecuado que el escepticismo, que la delicada, cordial y tranquilizante adormidera del escepticismo; y el mismo Hamlet es indicado en este instante, por los médicos del momento, como un remedio contra el "espíritu" y sus susurros subterráneos. "¿Es que no tenemos nuestros oídos completamente llenos ya de perversos susurros?, señala el escéptico, dejándose ver como amigo de la tranquilidad y casi como una especie de custodio de seguridad: ¡ese no subterráneo es aterrador! ¡Cállense finalmente, topos pesimistas!". En verdad, el escéptico, ese frágil ser, se horroriza con excesiva facilidad; su conciencia está entrenada para sobresaltarse y sentir algo así como una mordedura cuando oye cualquier no, e incluso cuando oye un fuerte y decidido sí. ¡Sí! y ¡no! esto repugna a su moral y, en oposición le gusta agasajar a su virtud con la elegante abstención, diciendo probablemente junto a Montaigne: "¿Qué sé yo?". O con Sócrates: "Yo sé que no sé nada". O "Aquí no me fío de mí mismo, aquí no existe ninguna puerta abierta para

---

41   De buena voluntad.

mí". O "Presumiendo de que estuviera abierta, ¡¿para qué entrar inmediatamente?!". O "¿Para qué sirven todas esas hipótesis apresuradas? No revelar hipótesis fácilmente podría ser parte del buen gusto. ¿Acaso se tiene que enderezar lo torcido de inmediato? ¿Se debe tapar cualquier agujero con cualquier clase de trapo? ¿Eso no tiene su momento? ¿No tiene tiempo el tiempo? ¡Oh!, muchachos del diablo, ¿no pueden esperar de ninguna manera? Lo incierto también posee sus encantos, la Esfinge también es una Circe, la Circe también fue una filósofa". De ese modo se consuela un escéptico a sí mismo, y es verdad que tiene necesidad de cierto consuelo. En efecto, el escepticismo es el enunciado más espiritual de una cierta naturaleza psicológica compleja a la que, en el lenguaje común se le da el nombre de debilidad nerviosa y temperamento enfermizo; el escepticismo surge siempre que razas o clases, largo tiempo separadas entre sí, se cruzan de manera resuelta y repentina. En la nueva ascendencia, la cual, por decirlo de algún modo, posee en su sangre, por herencia, medidas y valores diferentes, todo es intranquilidad, desorientación, duda, ensayo; las mejores fuerzas causan un efecto inhibitorio, las virtudes mismas no permiten que unas u otras crezcan o se fortalezcan, en el cuerpo y en el alma se ausenta el equilibrio, el centro de gravedad, la seguridad perpendicular. Pero lo que más empeora y degenera profundamente en esos mestizos es la voluntad. Ellos ya no conocen para nada la independencia en la resolución, el valiente sentimiento de disfrute en el querer, hasta en sus sueños desconfían de la "libertad de la voluntad". Nuestra Europa actual, escenarió de un experimento absurdo y repentino de unir drásticamente entre sí las jerarquías y, en consecuencia, las razas, es por esa razón escéptica, tanto arriba como abajo, mostrando unas veces ese inquieto escepticismo que salta impaciente y anhelante, de una rama a otra, y mostrándose amenazador igual que una nube llena de signos de interrogación, ¡y con frecuencia mortalmente hastiado de su voluntad! Parálisis de la voluntad: ¡en qué lugar, actualmente, no hallamos sentado a ese tullido! ¡Y con frecuencia, incluso, muy acicalado! ¡Qué seductoramente acicalado! Para esta dolencia existen los más sublimes vestidos de gala y de mentira, y por ejemplo, que la mayor parte de lo que hoy se muestra a sí mismo en los aparadores como "objetividad", "cientificismo", *l'art pour l'art*, "saber puro, independiente de la voluntad", no es nada más que escepticismo y parálisis de la voluntad ataviados. Este es un diagnóstico del padecimiento europeo del que yo quiero ser responsable. La enfermedad de la voluntad se ha desarrollado sobre Europa de una forma poco uniforme. Donde se exhibe más extensa y complicada es allí donde hace más tiempo que está alojada la cultura, y se esfuma en la medida en que "el bárbaro" hace valer aún —o nuevamente— su derecho debajo de la andrajosa vestimenta de la cultura occidental. Por lo que en la Francia de hoy, y esto es algo tan fácil de deducir como de tocar con la mano, es donde más enferma se halla la voluntad; y Francia, que siempre ha tenido una soberbia destreza para convertir en algo atractivo y seductor hasta los giros más inexcusables de su espíritu, exhibe justamente hoy su superioridad cultural sobre Europa en su calidad de escuela y vidriera de todos los encantos del escepticismo. La fuerza de querer y, concretamente, de querer largamente, ya es algo más fuerte en Alemania, y en el norte de Alemania es, a su vez, más fuerte que en el centro. Es extensamente más fuerte en Inglaterra, en España y en Córcega, unida en el primer caso a la flema y, en el segundo, a los cráneos duros, por no mencionar a Italia, la cual es demasiado joven como para saber lo que desea y que primero debe demostrar si es capaz de querer. Pero, donde se exhibe más fuerte y más sorprendente es en aquel imperio intermedio en el que Europa, por decirlo de algún modo, refluye hacia Asia: en Rusia. Allí la fuerza de querer ha estado siendo reservada y atesorada desde hace mucho tiempo, allí la voluntad, quién sabe si como voluntad de afirmación o de negación, espera de manera amenazante el momento en que se la active, para tomar prestada su palabra preferida a los físicos de hoy.

Para que Europa quede liberada de su máximo peligro tal vez sean necesarias no solo guerras en India y dificultades en Asia, sino revoluciones internas, la disgregación del Reich en pequeños cuerpos y, en especial, la introducción de la estupidez parlamentaria, aparte de la obligación —para todo el mundo— de leer el periódico durante el desayuno. Yo no digo esto porque lo anhele, más bien, yo quisiera lo contrario, es decir, un incremento tal de la amenaza personificada por Rusia, que Europa tuviera que disponerse a ser amenazadora en la misma medida, es decir, a obtener una voluntad única a través del instrumento de una nueva clase que dominara sobre Europa, a obtener una voluntad propia extendida, espantosa, que lograra proponerse metas para miles de años, para que finalmente terminaran, tanto la comedia, que ha durado en demasía, de su división en pequeños estados como sus frivolidades dinásticas y democráticas. El tiempo de la pequeña política ha pasado. El próximo siglo trae con él la batalla por el dominio de la tierra, la imposición para urdir una política grande.

209

Hasta qué punto la nueva era bélica, en la que nosotros los europeos hemos entrado de forma manifiesta, va a beneficiar quizás el adelanto de una especie distinta y más fuerte de escepticismo, es algo sobre lo cual yo quisiera expresarme, por ahora, solamente mediante una imagen que los amigos de la historia alemana entenderán. Aquel impulsivo entusiasta de los apuestos y altos granaderos que, como rey de Prusia, dio existencia a un genio militar y desconfiado, y con ello, en el fondo, a ese desconocido tipo de alemán que precisamente ahora aparece triunfante en el horizonte; el confuso y demente padre de Federico el Grande, también tuvo en un único punto el puño y la garra afortunada del genio, supo qué era lo que entonces escaseaba en Alemania y cuál era la carencia que resultaba cien veces más tormentosa y apremiante que, por ejemplo, la escasez de cultura y de forma social, su hostilidad por el joven Federico emanaba de la angustia de un agudo instinto. No había varones y él temía, para amarguísima molestia suya, que su propio hijo no fuera suficientemente varón. En esto se engañó, pero ¿quién no se habría engañado en su puesto? Observaba a su hijo víctima del ateísmo, del *esprit*, de la placentera frivolidad propia de los franceses colmados de agudeza. Observaba detrás de todo aquello la gran chupadora de sangre, la araña del escepticismo, presumía la incurable pobreza de un corazón que ya no es suficientemente fuerte ni para el bien ni para el mal, de una voluntad quebrada que ya no da órdenes y que ya no puede dar órdenes. Pero mientras tanto, en su hijo creció aquella especie nueva, más peligrosa y más dura, de escepticismo, ¿quién sabe hasta qué extremo ayudada, justamente, por el desprecio del padre y por la helada melancolía de una voluntad que se había convertido en solitaria? El escepticismo de la osada virilidad, que está estrechamente ligado con el temple para la guerra y para la conquista, y que realizó su primera entrada en Alemania con la figura del gran Federico. Este escepticismo repudia y, no obstante, atrae hacia sí; carcome y se posesiona; no cree, pero tampoco se pierde en eso; brinda al espíritu una libertad peligrosa, pero al corazón lo sujeta con rigor; es el modo alemán del escepticismo, que, con apariencia de un fredericianismo prolongado y llevado hasta lo más espiritual, ha doblegado durante largo tiempo a Europa bajo el dominio del espíritu alemán y de su desconfianza crítica e histórica. Debido al indomable, fuerte y obstinado carácter viril de los magnos filólogos y críticos de la historia alemanes (quienes, si se los observa bien, todos ellos también fueron artistas de la devastación y de la disgregación) poco a poco se estableció, a pesar de todo el romanticismo en música y en filosofía, un nuevo criterio del espíritu alemán, en el que resaltaba decisivamente la inclinación al escepticismo viril, por ejemplo: bien como arrojo de la mirada, bien como valentía y rudeza en la mano al descomponer cosas, bien como obstinada voluntad de partir hacia peligrosos viajes de descubrimiento, espiritualizadas cruzadas al polo norte bajo cielos áridos y peligrosos. Sin duda, está bastante justificado el que humanitarios hombres, de sangre fría, frívolos, se santigüen precisamente frente a ese espíritu: *cet esprit fataliste, ironique, méphistophélique*[42], lo nombra Michelet, no sin estremecerse. Pero si alguien quiere sentir qué distinción tan enorme representa ese temor al "varón" presente en el espíritu alemán, que despertó a Europa de su "letargo dogmático", recuerde el viejo concepto que fue preciso superar con él, y cómo no hace mucho tiempo que a una mujer "masculinizada" le fue válido, con una desvergonzada presunción, atreverse recomendar los alemanes a la simpatía de Europa, como sutiles y poéticos cretinos, buenos de corazón y faltos de voluntad. Compréndase finalmente, con bastante profundidad, la sorpresa de Napoleón cuando vio a Goethe, ese asombro revela lo que durante siglos se había comprendido por "espíritu alemán". "*Voilà un homme!*", quiso decir: "¡Esto es un hombre! ¡Y yo solo había esperado un alemán!".

210

Admitiendo, entonces, que en la imagen de los filósofos del futuro haya alguna imagen que permita adivinar que tal vez ellos tengan que ser escépticos en el sentido antes sugerido, con esto solamente habríamos determinado algo en ellos y no a ellos mismos. Igual derecho tienen a hacerse llamar críticos y sin duda alguna serán hombres de experimentos. A través del nombre con que me he atrevido a bautizarlos he destacado ya de forma expresa el experimentar y el goce de experimentar: ¿lo he hecho porque a ellos, que son críticos de los pies a la cabeza, les gusta valerse del experimento en un sentido nuevo, posiblemente más amplio, posiblemente más peligroso? En su ímpetu de co-

---

42   Ese espíritu fatalista, irónico, mefistofélico.

nocimiento, ¿ellos tienen que llegar, con sus imprudentes y atormentados experimentos, más lejos de lo que puede certificar el reblandecido y debilitado paladar de un siglo democrático? No hay duda, a esos por venir es a los que menos les será válido inhibirse de aquellas participaciones serias y no libres de peligro que diferencian al crítico del escéptico, es decir, la seguridad de los juicios valorativos, el manejo sensato de una unidad de método, el coraje advertido, el estar solos y el poder dar respuesta de sí mismos, incluso reconocen la existencia en ellos de un disfrute al decir no y al desmembrar las cosas, y de una cierta maldad juiciosa que sabe cómo esgrimir el cuchillo con seguridad y finura, incluso cuando el corazón sangre. Siempre serán más severos (y tal vez no solo consigo mismos) de lo que las personas humanitarias quisieran, no edificarán relaciones con la "verdad" para que esta les "guste" o los "eleve" o los "apasione", más bien, será parca su creencia en que justamente la verdad comporta dichos placeres para el sentimiento. Estos espíritus inclementes, sonreirán cuando alguien mencione ante ellos: "Ese pensamiento me eleva, ¿cómo no va a ser él verdadero?". O: "Esa obra me cautiva, ¿cómo no puede ser ella hermosa?". O: "Ese artista me engrandece: ¿cómo no va a ser él grandioso?". Posiblemente, tengan lista no solo una sonrisa, sino una verdadera náusea frente a todo aquello que de esa manera sea iluso, idealista, femenino, hermafrodita, y quien supiera acompañarlos hasta las cámaras ocultas de su corazón, difícilmente hallaría allí el propósito de unir los "sentimientos cristianos" con el "gusto antiguo" y, no mencionemos, con el "parlamentarismo moderno" (intención conciliadora que en nuestro muy inseguro y, en consecuencia, muy conciliador siglo se hallará incluso entre los filósofos). Esos filósofos del futuro se demandarán a sí mismos, no solo una disciplina crítica y todas las costumbres que dirigen a la limpieza y al rigor en los temas del espíritu, les será válido mostrarse a sí mismos como su especie de embellecimiento, a pesar de ello, no por esa razón quieren llamarse todavía críticos. Les parece una gran ofensa que se hace a la filosofía el que se determine, como hoy se suele hacer: "la filosofía en sí misma es crítica y ciencia crítica ¡y solo eso!". Aunque esta estimación de la filosofía goce de la aprobación de todos los positivistas de Francia y de Alemania (y puede ser posible que hubiese agasajado incluso el corazón y el gusto de Kant, recuérdese el nombre de sus obras capitales). Nuestros nuevos filósofos expresarán a pesar de eso: ¡los críticos son herramientas del filósofo, y justo por eso, porque son herramientas, no son, ni siquiera de lejos, filósofos! El gran chino de Königsberg también era solamente un gran crítico.

211

Insisto en que finalmente deje de confundirse a los trabajadores filosóficos y, en general, a los trabajadores científicos con los filósofos, en que precisamente aquí severamente se dé "a cada uno lo suyo", a los primeros no mucho, y a los segundos no muy poco. Tal vez para la formación del verdadero filósofo es necesario que él mismo, alguna vez, se haya encontrado también en todos esos niveles en los que suelen permanecer, en los que deben permanecer sus servidores, los trabajadores científicos de la filosofía. Él mismo tiene que haber sido, acaso, crítico y escéptico y dogmático e historiador y, asimismo, poeta y coleccionista y viajero y adivinador de incógnitas y moralista y vidente y "espíritu libre" y casi todas esas cosas, con la finalidad de recorrer el círculo completo de los valores y de los sentimientos valorativos del hombre y con la finalidad de poder observar con muchos ojos y conciencias desde la altura hacia cualquier lejanía, desde la profundidad hacia toda altura, desde un rincón hacia toda amplitud. Pero estas cosas, en su totalidad, son solo condiciones previas de su tarea: la tarea misma pretende algo distinto, requiere que él cree valores. Esos trabajadores filosóficos formados según el noble patrón de Kant y de Hegel tienen que determinar y que reducir a fórmulas cualquier gran asunto efectivo de valoraciones, es decir, de previas posiciones de valor, creaciones de valor que lograron ser dominantes y que por cierto tiempo fueron denominadas "verdades", bien en el dominio de lo lógico, bien en el de lo político o moral, bien en el dominio de lo artístico. A estos investigadores les atañe el hacer aprehensible, manejable, conquistable con la mirada, manipulable con el pensamiento todo lo que ha sucedido hasta ahora y que ha sido objeto de estima, el hacer corto todo lo largo, incluso, hacer corto "el tiempo" mismo y el someter el pasado entero. Grande y maravillosa tarea en servir, en la que con seguridad pueden sentirse contentos todo ligero orgullo, toda voluntad obstinada. Pero los verdaderos filósofos son hombres que dan órdenes y decretan. Dicen: "¡debe ser así!". Ellos son quienes determinan "hacia dónde" y "para qué" del ser humano, acomodando aquí el trabajo previo de todos los trabajadores filosóficos, de todos los opresores del pasado, ellos alargan su mano creadora hacia el futuro, y todo lo que es y ha sido se transforma en material, en herramienta, en martillo para ellos. Su "conocer" es crear, su crear es decretar, su voluntad de verdad es voluntad de poder. ¿Hoy, existen tales filósofos? ¿Han existido antes tales filósofos? ¿No tendrían que existir tales filósofos?...

212

Me va pareciendo, cada vez más, que el filósofo, en calidad de hombre necesario del mañana y del pasado mañana, se ha hallado y ha tenido que hallarse siempre en contradicción con su hoy. Su enemigo siempre ha sido el ideal de hoy. Hasta el momento todos esos fantásticos promotores del hombre, a los que se da el nombre de filósofos, y que en raras oportunidades se han percibido a sí mismos como amigos de la sabiduría, más bien como desagradables majaderos y como peligroso signos de interrogación, han descubierto su tarea, su dura, inconsciente, ineludible tarea, pero al final la grandeza de su tarea, en ser la infame conciencia de su tiempo. Al colocar su cuchillo, justo sobre el pecho de las virtudes de su tiempo para vivisecionarlo, revelaban cuál era su secreto: descubrir una nueva grandeza del hombre, un nuevo y desconocido camino hacia su engrandecimiento. Siempre han mostrado al descubierto cuánta hipocresía, espíritu de comodidad, dejarse ir y dejarse caer, cuánto fingimiento permanece escondido bajo los tipos más reverenciados de la moralidad contemporánea, cuánta virtud estaba rancia. Siempre dijeron: "Nosotros tenemos que ir a ese lugar, allá afuera, donde hoy vosotros menos os sentís como en vuestra casa". A la vista de un universo de "ideas modernas", el cual limitaría cada uno a un rincón y una "especialidad", un filósofo, en el supuesto de que hoy pueda haber filósofos, se vería obligado a situar la grandeza del hombre, la noción de "grandeza", justamente en su amplitud y complejidad, en su totalidad en muchos aspectos: incluso determinaría su valor y su rango por la cantidad y diversidad de cosas que uno solo lograra soportar y tomar sobre sí, por la extensión que uno solo lograra dar a su responsabilidad. Hoy el agrado de la época y la virtud de la época disminuyen y debilitan la voluntad, nada se encuentra tan en armonía con la época como el agotamiento de la voluntad, por lo tanto, en el ideal del filósofo tienen que ser parte del concepto de "grandeza", precisamente, la fortaleza de la voluntad, precisamente la dureza y la capacidad para tomar decisiones extensas, con el mismo derecho con que la doctrina contraria y el ideal de una humanidad idiota, resignada, sumisa, desinteresada serían convenientes para una época opuesta, para una época que, como el siglo XVI, padeciera a causa de su amontonada energía de voluntad y a causa de las aguas y mareas absolutamente salvajes del egoísmo. En la época de Sócrates, entre los hombres de instinto extenuado, entre ancianos atenienses conservadores que se dejaban llevar "hacia la felicidad", según ellos expresaban hacia el placer, según ellos actuaban y que, al hacerlo, seguían empleando las viejas y espléndidas palabras a las que su vida no les daba derecho alguno desde hacía largo tiempo, tal vez fuese necesaria para la dignidad del alma, la ironía, aquella pícara ironía socrática del viejo médico y plebeyo que seccionaba sin misericordia, tanto su propia carne, como la carne y el corazón del "aristócrata", con una mirada que muy inteligiblemente decía: "¡No se disfracen frente a mí! ¡Aquí, somos iguales!". Hoy, por el contrario, cuando en Europa el único que recibe y que brinda honores es el animal de rebaño, cuando la "igualdad de derechos" podría convertirse con demasiada facilidad en igualdad en la injusticia, yo quiero expresar, combatiendo simultáneamente todo lo raro, extraño, favorecido del hombre superior, del deber superior, de la responsabilidad superior, de la totalidad de poder y el dominio superiores, que actualmente el ser aristócrata, el querer ser para sí, el poder ser diferente, el estar solo y el tener que subsistir por sí mismo forman parte de la noción de "grandeza", y el filósofo descubrirá algo de su verdadero ideal cuando determine: "El más grande será quien pueda ser el más solitario, el más clandestino, el más desigual, el hombre más allá del bien y del mal, el dueño de sus virtudes, el sobrado de voluntad. Debe llamarse grandeza exactamente al poder ser tan múltiple como entero, tan amplio como pleno". Y hagamos nuevamente la pregunta: ¿hoy, es posible la grandeza?

213

Lo que es un filósofo es algo difícil de aprender, pues no es posible enseñarlo, se debe "saber", por experiencia, o se debe tener la jactancia de no saberlo. Pero que, en estos momentos, todo el mundo habla de cosas con relación a las cuales no puede tener ninguna experiencia, eso es una cosa que se aplica antes que nada y de la peor manera a los filósofos y a los estados de ánimo filosóficos. Muy pocos son quienes los conocen, muy pocos son aquellos a los que les es válido conocerlos, y todas las opiniones públicas sobre ellos son falsas. De ese modo, por ejemplo, la mayoría de los pensadores y eruditos no conocen por experiencia propia esa coexistencia auténticamente filosófica, entre una espiritualidad intrépida y traviesa que corre impetuosa, y un rigor y una necesidad dialécticos que no avanzan ni un paso en falso, y por esa razón, en el caso de que alguien quisiera hablar de esto frente a ellos, no obtendría crédito. Ellos se figuran toda necesidad como una tortura, como un doloroso *tener que seguir* y *ser forzado,* y el pensar mismo lo admiten como algo lento, indeciso, casi como una debilidad, y, con mucha frecuencia, como "digno del sudor de los nobles" ¡pero, en ningún modo, como algo leve, paradisíaco, estrechamente análogo al baile y a la vanidad! "Pensar" y "considerar seriamente", "considerar con gravedad" una cosa, en ellos ambas cosas van juntas. Solamente así lo han "experimentado" ellos. Probablemente los artistas tengan en esto un olfato más delicado. Ellos, que reconocen demasiado bien que, precisamente, cuando ya no hacen nada "voluntariamente" sino todo necesariamente, es cuando alcanza su cumbre el sentimiento de libertad, de delicadeza, de superioridad, de establecer, instalar, conformar creadoramente, en definitiva, que es entonces cuando la necesidad y la "libertad de la voluntad" son una sola cosa en ellos. Finalmente, existe una jerarquía de estados psíquicos a la cual pertenece la jerarquía de los problemas, y los problemas trascendentes rechazan sin piedad a todo el que intenta acercarse a ellos sin estar predestinado, por la elevación y poder de su espiritualidad, a darles solución. ¡De qué sirve el que maleables cabezas universales o mecánicos y materialistas desmañados y bravos luchen, como ocurre de tantas maneras hoy, por acercarse a esos problemas con su interés de plebeyos y por penetrar, si puede decirse de ese modo, en esa "corte de las cortes"! Pero, a los pies vulgares nunca les es válido pisar tales alfombras: de eso se ha cuidado ya la ley esencial de las cosas; ¡las puertas están cerradas para tales intrusos, aunque se den de cabeza contra ellas y se la rompan! Para penetrar en un mundo elevado hay que haber nacido, o expresado con mayor claridad, hay que haber sido educado para él: derecho a la filosofía, tomando esta palabra en el sentido más grande, solo se tiene gracias al linaje, también aquí son los ascendentes, la "sangre", quienes deciden. Muchas generaciones tienen que haber trabajado previamente para que florezca el filósofo; cada una de sus virtudes tiene que haber sido obtenida, ejercitada, heredada, adecuada individualmente, y no solo el paso y la carrera intrépidos, sutiles, delicados de los pensamientos, sino en especial la premura para las grandes responsabilidades, la autoridad de las miradas dominadoras, de las miradas hacia abajo, el apreciarse a sí mismo aparte de la multitud y de sus deberes y virtudes, el afectuoso proteger y resguardar lo que es malentendido y desacreditado, ya sea Dios, ya sea el diablo, el goce y el adiestramiento en la gran justicia, el arte de mandar, la extensión de la voluntad, los ojos lentos, que pocas veces admiran, pocas veces ven hacia arriba, que pocas veces aman...

214

¿Nuestras virtudes? Es posible que también nosotros continuemos teniendo nuestras virtudes, aunque, como es evidente, no serán aquellas virtudes cordiales y bruscas en razón de las cuales enaltecemos a nuestros abuelos, pero también los conservamos algo distanciados de nosotros. Nosotros los europeos de pasado mañana, nosotros, inicios del siglo XX, con toda nuestra arriesgada curiosidad, con nuestra confusión y nuestro arte del disfraz, con nuestra ablandada y, por así decirlo, edulcorada crueldad de espíritu y de sentidos, nosotros, si es que debiéramos poseer virtudes, probablemente, solo tendremos aquellas que hayan logrado armonizarse de forma óptima con nuestras tendencias más secretas e íntimas, con nuestras necesidades más fogosas. ¡Bien, vamos a encontrarlas de una vez en nuestros laberintos!, en los que, como es bien sabido, son muchas las cosas que se pierden y muchas las cosas que se pierden por completo. ¿Y hay algo más espléndido que buscar nuestras virtudes? ¿No significa esto que casi creemos en nuestra virtud? Pero este "creer en nuestra virtud" ¿no es en lo más profundo lo mismo que en otro momento se llamaba nuestra "buena conciencia", aquella respetable trenza conceptual de extensa cola que nuestros abuelos colgaban detrás de su cabeza y, con mucha frecuencia, también detrás de su intelecto? Parece pues, que, aunque nosotros nos creamos muy poco pasados de moda y muy poco honorables al modo de nuestros abuelos, hay algo en lo que, no obstante, somos los dignos nietos de aquellos abuelos, nosotros, los últimos europeos con buena conciencia: también nosotros continuamos llevando la trenza de ellos. ¡Ay! ¡Si supieseis qué rápido, qué rápido van a cambiar las cosas!...

215

Así como en el reino de las estrellas a veces son dos los soles que establecen la órbita de un único planeta, así como en ciertos casos soles de diferente color iluminan un único planeta, algunas veces con luz roja, otras con luz verde, y después lo iluminan nuevamente los dos a la vez y lo cubren de una luz multicolor: de ese modo, nosotros los hombres modernos, gracias a la compleja mecánica de nuestro "cielo estrellado", estamos definidos por distintas morales; nuestros actos resplandecen, alternativamente, con colores diferentes, raras veces son unívocos y hay muchos casos en que elaboramos actos multicolores.

216

¿Amar a nuestros enemigos? Yo pienso que eso se ha asimilado bien. Hoy, eso sucede de mil maneras, en lo grande y en lo pequeño; incluso, a veces sucede algo más elevado y más excelso que nosotros aprendemos a rechazar cuando amamos, y justamente cuando mejor amamos. Pero todo esto sucede de manera inconsciente, sin rumor, sin suntuosidad, con el mismo pudor y el mismo ocultamiento propios de la bondad que impiden a la boca expresar la palabra solemne y la fórmula de la virtud. Hoy, la moral como simulación repugna a nuestro gusto. Esto también es un avance, como el avance de nuestros padres fue el que a su gusto terminara por repugnarle la religión como simulación, comprendidas la hostilidad y la aspereza volteriana contra la religión (y todo lo que en aquel momento formaba parte de la gesticulación de los librepensadores). Con la música que existe en nuestra conciencia, con el baile que existe en nuestro espíritu es con lo que no desean armonizar ninguna retahíla puritana, ningún discurso moral y ninguna probidad.

217

¡Hay que guardarse de aquellos que confieren mucha importancia a que se confíe en su tino y sutileza morales en asunto de distinciones morales! Difícilmente nos perdonarán el haberse equivocado alguna vez en nuestra presencia (y, no digamos, si es por nuestra culpa), irremediablemente se transforman en nuestros calumniadores y maldicientes instintivos, incluso cuando siguen siendo "amigos" nuestros. Bienaventurados los olvidadizos, pues "digerirán" hasta sus estupideces.

218

Los psicólogos de Francia, ¿en qué otro sitio existen hoy psicólogos?, no han terminado todavía de saborear el amargo y multiforme placer que hallan en la *bêtise bourgeoise*[43], como si, por decirlo de algún modo..., basta, con eso ellos descubren una cosa. Por ejemplo, Flaubert, el honesto

---

43   Estupidez burguesa.

burgués de Ruan, no vio, ni escuchó, ni saboreó en última instancia nada más que eso: formaba su especie de propia autotortura y de delicada crueldad. Ahora bien, yo recomiendo para variar, ya que el asunto se vuelve aburrido, algo extraordinariamente diferente: la inconsciente picardía con que todos los buenos, gordos y honrados espíritus de la mediocridad proceden con relación a los espíritus superiores y las tareas de estos, aquella sutil astucia, aguileña, jesuítica, que es mil veces más delicada que el entendimiento y el gusto de esa clase media en sus mejores momentos; más sutil incluso que la mentalidad de sus víctimas: para que quede repetidamente confirmado que el "instinto" es la más inteligente de todas las clases de inteligencia descubiertas hasta hoy. En definitiva, psicólogos, estudien la filosofía de la "regla" en batalla con la "excepción". ¡Ahí tienen un espectáculo que resulta suficientemente bueno para los dioses y para la picardía divina! O, dicho de una manera más actual: ¡viviseccionad al "hombre bueno", al *homo bonae voluntatis*[44]..., a vosotros mismos!

219

El juicio y la condena morales componen la venganza preferida de los hombres espiritualmente limitados contra aquellos que no lo son tanto, y también una especie de resarcimiento por el hecho de haber sido poco dotados por la naturaleza, y, en fin, una oportunidad de adquirir espíritu y volverse delicados: la maldad espiritualiza. En lo profundo de su corazón les gusta que exista un criterio frente al que hasta los hombres colmados de bienes y privilegios del es-

---

44   Hombre de buena voluntad.

píritu se comparan con ellos; combaten por la "igualdad de todos ante Dios", y para esto casi necesitan tener fe en Dios. Entre ellos se hallan los más fornidos adversarios del ateísmo. Quién les dijera: "una elevada espiritualidad no puede ser comparada con ninguna probidad ni respetabilidad de un hombre que sea necesariamente solo moral". Ese los pondría furibundos, yo me abstendré de hacerlo. Quisiera, más bien, adularlos con mi tesis de que una elevada espiritualidad sobrevive tan solo como un último engendro de caracteres morales, que ella compone una síntesis de todos aquellos estados imputados a los hombres "solo morales" una vez que se los ha despojado, uno a uno, por medio de una disciplina y un ejercicio prolongados, tal vez en líneas enteras de generaciones; que la elevada espiritualidad es justamente la espiritualización de la justicia y de aquella rigidez bonachona que se sabe encargada de conservar en el mundo el orden del rango, entre las mismas cosas y no únicamente entre los hombres.

220

Hoy en día, que se ha generalizado el elogio de lo "desinteresado", tenemos que tomar consciencia, posiblemente no sin algún riesgo, de qué es eso por lo que el pueblo se interesa justamente y, en general, de cuáles son las cosas por las que el hombre vulgar se preocupa por principio y en profundidad: incluidos los hombres cultos, hasta los eruditos, y, si no me equivoco del todo, también los filósofos. El hecho que aquí se expone es que la mayoría de las cosas que interesan y atrapan a gustos más delicados y exigentes, a cualquier naturaleza superior, esas cosas le parecen absolutamente "no interesantes" al hombre medio, y si este, a pesar de ello, observa cierta dedicación a ellas, la califica de *désintéressé* y se sorprende de que sea posible actuar "desinteresadamente". Ha habido filósofos que han logrado dar una expresión fascinante y místicamente ultraterrena a esa estupefacción popular (¿tal vez porque no conocían por experiencia propia la naturaleza superior?) en lugar de declarar la verdad desnuda e íntimamente adecuada de que el acto "desinteresado" es un acto muy interesante e interesado, admitiendo que... "¿Y el amor?" ¡¿Cómo?! ¿Una acción realizada por amor también será "no egoísta"? Pero, ¡cretinos! "¿Y el elogio del que se sacrifica?". Mas quien ciertamente ha hecho sacrificios sabe que él deseaba algo a cambio de ellos y que lo logró, posiblemente, algo de sí a cambio de algo de sí, que dio algo en un lugar para obtener más en otro, tal vez, para ser más o para sentirse a sí mismo como "más". Es este, no obstante, un reino de preguntas y respuestas donde a un espíritu exigente no le gusta detenerse. Hasta ese punto, la verdad necesita aquí contener el bostezo cuando tiene que dar una respuesta. En definitiva, la verdad es una mujer, no se le debe mostrar violencia.

221

Sucede, expresaba un presumido y doctrinario moralista, que yo alabo y trato con gentileza a un hombre desinteresado, pero no porque él sea desinteresado, sino porque creo que tiene derecho a ser, a costa suya, útil para otro hombre. Pues bien, el asunto está en saber quién es este y quién es aquel. Por ejemplo, en un hombre designado y hecho para mandar, el negarse a sí mismo y el postergarse humildemente no sería una virtud, sino el desorden de una virtud, eso me parece a mí. Toda moral no egoísta, que se suponga a sí misma incondicional y que se destine a todo el mundo, no peca únicamente contra el gusto, es una provocación a cometer pecados de omisión, es una persuasión más, bajo la máscara de la filantropía y absolutamente una seducción y un deterioro de los hombres superiores, más extraños, más privilegiados. A las morales hay que obligarlas a que se reclinen, sobre todo, frente a la jerarquía, hay que introducirles en la conciencia su presunción, hasta que todas terminen viendo claramente que es inmoral decir: "Lo que es justo para uno es justo para otro". Así dice mi pedante y *bonhomme*[45] moralista. ¿Merecería que nos riéramos de él cuando de ese modo predicaba moralidad a las morales? Pero si queremos poner de nuestro lado a los que ríen, no podemos tener demasiada razón. Una mínima falta de razón forma parte hasta del buen gusto.

222

En los sitios en que hoy se predica compasión y, si se oye bien, ya no se predica ninguna otra religión, extienda el psicólogo sus oídos a través de toda la jactancia, a través de todo el ruido que pertenece a esos predicadores (como el de todos los predicadores), escuchará un ronco, quejoso, verdadero acento de autodesprecio. Este es parte de aquel oscurecimiento y afeamiento de Europa, que desde hace un siglo solo aumenta (y cuyos primeros síntomas están depositados ya en una reflexiva carta de Galiani a Madame d'Épinay), ¡si es que no es la razón de ellos! El hombre de

---

45 Buen hombre.

las "ideas modernas", ese primate orgulloso, está infinitamente descontento con él mismo, eso es seguro. Sufre y su vanidad solo quiere que él "compadezca"...

223

El mestizo hombre europeo, un plebeyo muy feo en conjunto, desde luego requiere un disfraz: requiere la ciencia histórica como armario de disfraces. Es verdad que reconoce que ninguno de estos le va bien a su cuerpo, cambia y se vuelve a cambiar. Si se examina el siglo XIX con relación a esas rápidas inclinaciones y variaciones de las mascaradas estilísticas, también en lo relativo a los momentos de desesperación porque "nada nos cae bien", resulta infructuoso mostrarse con traje romántico, o clásico, o católico, o florentino, o barroco, o "nacional" *in moribus et artibus*[46] ¡nada "viste"! Pero el "espíritu", en particular el "espíritu histórico", muestra su ventaja incluso en esa desesperación, una y otra vez un nuevo trozo de prehistoria y de extranjero es probado, adecuado, rechazado, empaquetado y, en especial, estudiado. Nosotros somos la primera época analizada *in puncto*[47] de "disfraces", es decir, de morales, de artículos de fe, de preferencias artísticas y de religiones. Nosotros nos encontramos preparados, como ninguna otra época lo estuvo, para el carnaval del gran estilo, para la más subjetiva presunción y risotada de carnaval, para la notable altura de la suprema estupidez y de la mofa aristofanesca del mundo. Nosotros, tal vez hayamos descubierto, justo en este lugar, el reino de nuestra propia invención, aquel reino donde también nosotros aún podemos ser únicos, como parodis-

46   En las costumbres y en las artes.
47   En asunto.

tas de la historia universal por ejemplo, y como guasones de Dios, ¡posiblemente, aunque ninguna otra cosa de este momento tenga futuro, téngalo, no obstante, justamente nuestra risa!

224

El sentido histórico (o la posibilidad de adivinar con velocidad la posición de las valoraciones de acuerdo con las cuales ha subsistido un pueblo, una sociedad, un ser humano, el "instinto adivinatorio" de las vinculaciones existentes entre esas valoraciones, de la correspondencia entre la autoridad de los valores y la autoridad de las fuerzas efectivas), ese sentido histórico que nosotros los europeos demandamos como nuestra singularidad lo ha traído hasta nosotros la sublime y desquiciada semibarbarie en que el revoltijo democrático de jerarquías y razas ha precipitado a Europa, el siglo XIX fue el primero en admitir ese sentido como su sexto sentido. El pasado de cada manera y forma de vivir, de culturas que con anterioridad se encontraban severamente yuxtapuestas, superpuestas, gracias a esa mezcolanza confluye en nosotros las "almas modernas"; a partir de este momento nuestros instintos desfilan por todas partes hacia atrás, nosotros mismos somos un cierto tipo de caos; al final, como hemos mencionado, "el espíritu" reconoce en esto su ventaja. Gracias a nuestra semibarbarie de cuerpo y de deseos poseemos senderos secretos a todas partes, senderos nunca poseídos por ningún período aristocrático, en especial, los pasos al laberinto de las culturas incompletas y a cualquier semibarbarie que haya existido alguna vez sobre la tierra, y en la medida en que la parte más imponente de la cultura humana hasta el presente ha sido justamente semibarbarie, el "sentido histórico" casi encarna el sentido y el instinto para distinguir todas las cosas, el gusto y la lengua para degustar todas las cosas, con lo que de inmediato muestra ser un sentido no aristo-crático. Volvemos a disfrutar, por ejemplo, a Homero, tal vez nuestro adelanto más afortunado sea el que sepamos disfrutar a Homero, al que los hombres de una cultura aris-tocrática (por ejemplo los franceses del siglo XVII, como Saint-Évremond, que le reclama el *esprit vaste*[48], e incluso Voltaire, acorde final de aquella) no saben ni han sabido apoderarse de él con tanta facilidad. El sí y el no muy exac-tos de su paladar, su náusea fácil de asomar, su indecisa re-serva con relación a todo lo heterogéneo, su temor a la falta de gusto que puede haber también en la curiosidad más viva, y, en general, aquella infame voluntad de toda cul-tura aristocrática y autosatisfecha para revelarse un nuevo deseo, un desagrado en lo propio, una admiración de lo ajeno: todo eso inclina y advierte desfavorablemente a estos aristócratas, incluso ante las mejores cosas del mundo que no sean de su propiedad o que no puedan transformarse en presa suya, y nada resulta más incomprensible a tales hom-bres que justo ese sentido histórico y esa mansa curiosidad, propia de plebeyos. Lo mismo sucede con Shakespeare, esa sorprendente síntesis hispano-moro-sajona del gusto, de la que se habría reído o con la que se habría disgustado, casi hasta fallecer, un ateniense antiguo amigo de Esquilo. Pero nosotros admitimos, justamente, con una familiaridad y amabilidad secretas, esa bestial policromía, esa mezcolanza de lo más delicado, imperfecto y artificial, nosotros dis-

---

48   Espíritu vasto.

frutamos a Shakespeare apreciándolo como el refinamiento del arte destinado exactamente para nosotros, y al hacerlo permitimos que las inmundas exhalaciones y la proximidad de la plebe inglesa, en medio de las cuales existen el arte y el gusto de Shakespeare, nos perturben tan poco como nos perturban, por ejemplo, en la Chiaia de Nápoles, donde nosotros continuamos nuestro camino manteniendo todos los sentidos abiertos, encantados y dóciles, aunque el olor de las cloacas de los barrios plebeyos inunde el aire. Nosotros, los hombres del "sentido histórico", en cuanto tales, poseemos nuestras virtudes, no se puede negar, no tenemos pretensiones, somos desinteresados, sencillos, valerosos, colmados de autosuperación, plenos de abnegación, muy agradecidos, muy conformes, muy acogedores, con todo esto, es posible que no tengamos mucho "buen gusto". Finalmente, vamos a confesarnos a nosotros mismos, aquello que a nosotros, los hombres del "sentido histórico" nos resulta más difícil de entender, percibir, saborear, amar, lo que en el fondo nos encuentra advertidos y casi hostiles, es precisamente lo perfecto y lo terminantemente maduro en toda cultura y en todo arte, lo verdaderamente aristocrático en obras y en seres humanos, su intervalo de mar liso y de autosatisfacción alciónica, la condición áurea y fría que exponen todas las cosas que han llegado a la perfección. Posiblemente nuestra inmensa virtud del sentido histórico resida en una necesaria antítesis del buen gusto, por lo menos del óptimo gusto, y únicamente de mala manera, únicamente con vacilaciones, únicamente por coacción somos capaces de rehacer en nosotros justamente aquellas pequeñas, breves y máximas jugadas de suerte y transfiguraciones de la vida humana que aquí y allá fulguran: aquellos instantes y prodigios en los que una inmensa fuerza se ha detenido voluntariamente frente a lo desmedido e ilimitado, en que disfrutamos de una sobreabundancia de ligero placer en el repentino someternos y quedarnos petrificados, en el instalarnos y fijarnos sobre un terreno que aún tiembla. La moderación se nos ha tornado extraña, confesémoslo; nuestro prurito es absolutamente el prurito de lo infinito, desmedido. Parecidos al jinete que, sentado sobre un corcel, se arroja hacia delante, de ese modo nosotros dejamos sueltas las riendas frente a lo infinito, nosotros los hombres modernos, nosotros los semibárbaros y solo mantenemos nuestra bienaventuranza en ese lugar donde más peligro corremos.

225

Igual el hedonismo que el pesimismo, igual el utilitarismo que el eudemonismo, todas esas maneras de pensar que calculan el valor de las cosas por el placer y el sufrimiento que estas causan, es decir, por estados afines y cosas accesorias, son ingenuidades y maneras superficiales de pensar, a las que no dejará de ver con burla y, además, con compasión, todo quien se sepa poseedor de fuerzas configuradoras y de una conciencia de artista. ¡Compasión para con vosotros! No es, por supuesto, la compasión tal como vosotros la entendéis, no es compasión para con la "miseria" social, para con la "sociedad" y para sus enfermos e impedidos, para con los viciosos y empobrecidos de antemano, que permanecen por tierra alrededor nuestro y, menos aún, es compasión para con esas balbucientes, oprimidas, turbulentas capas de esclavos que anhelan el dominio: ellas lo llaman libertad. Nuestra compasión es una compasión más sublime, de visión más extensa, ¡nosotros avistamos cómo se empequeñece el hombre, cómo lo empequeñecéis vosotros!, y hay momentos en los que, justamente, contemplamos vuestra compasión con una inquietud indescriptible, en los que nos resguardamos de esa compasión, en los que hallamos que vuestra seriedad es más peligrosa que cualquier ligereza. Vosotros queréis, en lo posible, acabar con el sufrimiento y no existe ningún "en lo posible" más demente que ese, ¿y nosotros?, ¡definitivamente, parece que nosotros preferimos que el sufrimiento sea mayor y peor que lo ha sido nunca! El bienestar, tal como vosotros lo entendéis ¡eso no es, por supuesto, un objetivo, a nosotros, eso nos parece un final! Un estado que vuelve ridículo e indigno al hombre de inmediato, ¡que hace anhelar el ocaso de este! La disciplina del sufrimiento, del inmenso sufrimiento, ¿no saben que solo esa disciplina es la que hasta el momento ha creado todas las superaciones del hombre? Esa tensión del alma en la infelicidad, que es la que le otorga su fortaleza, los estremecimientos del alma frente al espectáculo de la gran ruina, su creatividad y valentía en el soportar, insistir, interpretar, sacar provecho de la desgracia, así como toda la profundidad, incógnita, máscara, espíritu, calumnia, nobleza que le han sido concedidos al alma, ¿no le han sido entregados bajo sufrimientos, bajo la disciplina del inmenso sufrimiento? Criatura y creador están fusionados en el hombre. En el hombre hay materia, fracción, demasía, fango, mugre, sinsentido, caos; pero en el hombre también existe un creador, un escultor, dureza de martillo, dioses-espectadores y séptimo día. ¿Entendéis esa antítesis? ¿Y que vuestra compasión se orienta hacia la "criatura en el hombre", a eso que debe ser confi-gurado, quebrado, fraguado, arrancado, incinerado, abra-sado, depurado, a eso que inevitablemente tiene que sufrir y que debe sufrir? Y nuestra compasión ¿no os dais cuenta de a qué se dirige nuestra enfrentada compasión cuando se vuelve contra vuestra compasión al considerarla como el más siniestro de todos los ablandamientos y debilidades? ¡Entonces, pues, compasión contra compasión! Pero, di-cho de nuevo, hay problemas más elevados que todos los problemas del placer, del sufrimiento y de la compasión, y cualquier filosofía que no se dedique a ellos es pura inge-nuidad.

226

¡Nosotros los inmoralistas! Ese mundo que es nuestro, en el que nosotros hemos de experimentar miedo y sentir amor, ese mundo prácticamente invisible e inaudible del sutiles mandamientos, de la tenue obediencia, un mundo del "casi" en el completo sentido de la palabra, ganchudo, insidioso, agudo, delicado. ¡Sí, ese mundo está bien prote-gido contra los espectadores necios y contra la curiosidad atrevida! Nosotros nos encontramos encarcelados en una inflexible red y camisa de deberes, y no podemos escapar de ella, ¡justamente en eso somos, también nosotros, "hom-bres del deber"! A veces, es cierto, danzamos en nuestras "cadenas" y entre nuestras "espadas"; y más frecuente-mente, no es menos cierto, rechinamos los dientes debajo de ellas y nos encontramos impacientes a causa de la oculta rigidez de nuestro destino. Pero, hagamos lo que hagamos, los necios y la apariencia visible señalan contra nosotros:

"esos son hombres sin deber". ¡Nosotros siempre tenemos contra nosotros a los necios y a la apariencia visible!

227

La honestidad, presumiendo que ella sea nuestra virtud, de la que no podemos despojarnos nosotros los espíritus libres, nosotros deseamos trabajar en ella con toda maldad y con todo amor, y no agotarnos de "perfeccionar" nuestra virtud, que es la única que ha permanecido en nosotros. ¡Que alguna vez su resplandor se extienda, igual que una dorada, azul e irónica luz de atardecer, sobre esta envejecida cultura y sobre su necia y oscura seriedad! Y si, a pesar de ello, algún día nuestra honestidad se agota y suspira y estira los miembros y nos considera demasiado rígidos y desea ser tratada mejor, de una manera más ligera, más delicada, igual que un vicio agradable: ¡vamos a mantenernos duros, nosotros, los últimos estoicos!, y despachemos en su ayuda todas las travesuras que aún permanecen en nuestra náusea de cara a lo tosco e impreciso, nuestro *nitimur in vetitum*[49], nuestro valor de aventureros, nuestra curiosidad instruida y exigente, nuestra más delicada, más disimulada, más es-piritual voluntad de poder y de progreso del mundo, la cual vaga y deambula ansiosa alrededor de todos los reinos del futuro, ¡vayamos en ayuda de nuestro "dios" junto a todos nuestros "diablos"! Es posible que, por esta razón, no nos reconozcan y nos confundan con otros, ¡qué importa! Comentarán: "Su 'honestidad' ¡es su travesura y solo eso!". ¡Qué importa! ¡Aunque tuvieran razón! ¿Hasta ahora, no han sido todos los dioses diablos rebautizados y pronun-

---

49   Nos lanzamos a lo prohibido.

ciados santos? ¿Y qué sabemos nosotros, a fin de cuentas, de nosotros? ¿Y cómo desea llamarse el espíritu que nos orienta? (es una cuestión de nombres). ¿Y cuántos espíritus amparamos nosotros? Nosotros los espíritus libres. Nuestra honestidad, ¡vigilemos de que no se transforme en nuestra vanidad, en nuestro ornamento y vestido de gala, en nuestra limitación y en nuestra estupidez! Toda virtud se orienta hacia la estupidez, toda estupidez, hacia la virtud. "Estúpido hasta la santidad", se dice en Rusia, ¡tengamos cuidado de no terminar nosotros convirtiéndonos, por honestidad, en santos y aburridos! ¿No es la vida un centenar de veces demasiado corta para aburrirse en ella? Tendríamos que creer en la vida eterna para...

228

Pido perdón por el descubrimiento de que cualquier filosofía moral ha sido hasta el momento aburrida y ha conformado un somnífero, y en mi opinión, de que ninguna otra cosa ha desfavorecido más a "la virtud" que tal aburrimiento de sus abogados; con lo que yo no desearía haber dejado de admitir la utilidad general de estos. Es muy importante que los hombres que deliberen sobre la moral sean los menos posibles, ¡es muy, muy importante, entonces, que la moral no llegue a hacerse interesante algún día! ¡Pero tampoco se tenga cuidado! Las cosas siguen estando, también hoy, como lo han estado siempre. No observo a nadie en Europa que tenga (o que dé) una idea de que la deliberación sobre la moral podría ser ejercitada de un modo peligroso, engañoso, seductor, ¡de que podría haber cierta "fatalidad" en ello! Por ejemplo, contémplese a los inagotables y necesarios utilitaristas ingleses, de qué manera tan torpe y venerable caminan y avanzan tras las huellas de Bentham (una comparación homérica lo expresa con más claridad), del mismo modo que este ya caminó detrás de las huellas del honorable Helvetius (¡No, ese Helvetius no fue un hombre peligroso!). Ni un nuevo pensamiento, ni un vuelco y un pliegue más ligeros concedidos a un pensamiento antiguo, ni siquiera una genuina historia de lo pensado anteriormente. En conjunto, una literatura imposible, imaginando que no se sea especialista en aderezarla con un poco de malicia. En efecto, en estos moralistas, (a los que hay que leer con todas las reservas intelectuales, en el supuesto de que haya que leerlos), también se ha incrustado furtivamente aquel arcaico vicio inglés que se llama *cant*[50] y que es tartufería moral, escondida esta vez bajo la novedosa forma del cientificismo. Tampoco escasea un secreto rechazo de los remordimientos de conciencia, que, obviamente, sufrirá una raza de viejos puritanos, no obstante se ocupen de modo científico de la moral. (¿No es un moralista lo opuesto a un puritano? ¿A saber, en cuanto es un pensador que percibe la moral como algo problemático, debatible, en definitiva, como problema? ¿No sería inmoral, moralizar?). En último término todos ellos desean que se dé la razón a la moralidad inglesa, precisamente, en la medida en que de esa manera es como mejor se sirve a la humanidad, o al "beneficio general", o a la "felicidad de los más", ¡no!, a la felicidad de Inglaterra. Quisieran demostrarse a sí mismos, con todas sus fuerzas, que el anhelar la felicidad inglesa, quiero decir, el *comfort* y el *fashion* (y, en lugar destacado, un puesto en el Parlamento), es tam-

---

50 Guardar las apariencias.

bién, al mismo tiempo, el justo camino de la virtud, incluso, que toda la virtud que ha existido hasta ahora en el mundo ha consistido absolutamente en tal aspiración. Ninguno de esos animales de rebaño, lerdos, intranquilos en su conciencia (que intentan proteger la causa del egoísmo como causa del bienestar general), desea saber ni olfatear nada de que el "bienestar general" no es un ideal, ni un objetivo, ni un concepto aprehensible de alguna manera, sino solamente un vomitivo, de que lo que es justo para uno no puede ser de modo alguno justo para otro, de que reclamar una misma moral para todos es igual a lesionar íntegramente a los hombres superiores, en definitiva, de que existe un nivel jerárquico entre un hombre y otro hombre y, en consecuencia, también entre una moral y otra moral. Componen una clase de hombres modesta, básicamente mediocres, esos utilitaristas ingleses, y, como queda mencionado, de su utilidad, por el hecho de ser aburridos, nunca será lo sobradamente elevada la idea que tengamos. Hasta se los debería animar, como se ha intentado hacerlo, en parte, con los siguientes versos:

> ¡Yo os saludo, bravos carreteros,
> Siempre "cuanto más largo, mucho mejor",
> Engreídos siempre de la cabeza a los pies,
> Carentes de entusiasmo, carentes de bromas,
> Indestructiblemente mediocres,
> Sans génie et sans esprit![51]

---

51   ¡Sin genio y sin espíritu!

229

En esos períodos tardíos que tienen derecho a sentirse orgullosos de su humanitarismo, sobreviven, sin embargo, tanto temor, tanta superstición del temor al "animal salvaje y cruel", cuyo sometimiento establece justamente el orgullo de esos períodos más humanos, que hasta las verdades palpables perduran no expresadas por siglos, como si existiera un acuerdo sobre ello, ya que aparentan favorecer a que aquel animal salvaje, finalmente muerto, regrese a la vida. Posiblemente, yo corra algún riesgo por dejarme liberar esa verdad. Que otros la atrapen nuevamente y le den a beber la cantidad precisa de "leche del modo compasivo de pensar" para que permanezca inmóvil y olvidada en su viejo rincón. Tenemos que cambiar de ideas sobre la crueldad y abrir los ojos; tenemos que aprender finalmente a ser impacientes, para que no sigan vagando por ahí, con aromas de virtud y de impertinencia, errores poco modestos y gordos como los que han sido sustentados, por ejemplo, con relación a la tragedia por filósofos antiguos y nuevos. Casi todo lo que nosotros llamamos "cultura superior" se fundamenta en la espiritualización y profundización de la crueldad, esa es mi tesis. Ese "animal salvaje" no ha sido muerto en absoluto, está vivo y se perfecciona, solo se ha divinizado.

Lo que compone la punzante voluptuosidad de la tragedia es crueldad; lo que causa un agradable efecto en la denominada compasión trágica y, en el fondo, hasta en todo lo sublime, hasta alcanzar a los más altos y sutiles estremecimientos de la metafísica, eso recibe su dulzura exclusivamente del ingrediente de crueldad que lleva unido. Lo que gozaba el romano en el circo, el cristiano en el trance de la cruz, el español frente a las hogueras o en las corridas de toros, el japonés actual que se reúne para ver la tragedia, el obrero del suburbio de París que sufre nostalgia de revoluciones sangrientas, la wagneriana que "soporta" Tristán e Isolda con la voluntad en vilo, lo que todos ellos disfrutan y anhelan beber con un brío misterioso son los aromáticos bebedizos de la gran Circe llamada "Crueldad". En esto, por supuesto, tenemos que espantar de aquí a la psicología cretina de otras épocas, que lo único que sabía informar acerca de la crueldad era que esta emergía frente al espectáculo del sufrimiento ajeno y también en el sufrimiento propio. En el *hacerse sufrir a sí mismo* se genera un disfrute amplio, amplísimo, y en cualquier lugar en que el hombre se deja convencer a la autonegación en el sentido religioso, o a la automutilación, como sucede entre los fenicios y ascetas, o, en general, a la desensualización, desencarnación, arrepentimiento, al puritano estremecimiento de penitencia, a la vivisección de la conciencia y al pascaliano *sacrificio dell'intelletto*, allí es atraído en secreto e impulsado hacia adelante por su crueldad, por esos peligrosos estremecimientos de la crueldad vuelta contra nosotros mismos. Al final, reflexionen que hasta el hombre de conocimiento, al obligar a su espíritu a conocer, en contra de la tendencia del espíritu e igualmente, con bastante frecuencia, en contra de los ideales del corazón, es decir, al forzarlo a decir no allí donde él querría decir sí, amar, adorar, se comporta como artista y glorificador de la crueldad. El coger las cosas de una manera profunda y radical ya establece una violación, un querer lastimar la voluntad fundamental del espíritu, la cual desea ir continuamente hacia la apariencia y hacia las superficies. Toda voluntad de conocer se encuentra mezclada, por lo menos, con una gota de crueldad.

230

Posiblemente no se entienda, así como así, lo que acabo de mencionar acerca de una "voluntad fundamental del espíritu". Permítaseme una explicación. Ese algo dominante a lo que el pueblo llama "el espíritu" desea ser señor y sentirse señor dentro de sí mismo y a su alrededor, tiene ardor para ir de la pluralidad a la simplicidad, una voluntad abusadora, opresora, ansiosa de dominio y verdaderamente dominadora. Sus necesidades y capacidades son, en esto, aquellas que los fisiólogos imputan a todo lo que vive, crece y se multiplica. La fortaleza del espíritu para adueñarse de cosas ajenas se muestra en una tendencia enérgica a igualar lo nuevo a lo antiguo, a abreviar lo complejo, a pasar por alto o descartar lo totalmente contradictorio, de igual modo, el espíritu subraya, recalca de modo arbitrario y más fuerte, modifica, falseándolos, ciertos rasgos y líneas de lo extraño, de todo segmento de "mundo externo". Su intención se dirige a incorporar a sí misma nuevas "experiencias", a poner en orden cosas nuevas bajo órdenes antiguos, o sea, al crecimiento, o dicho de forma aún más precisa, al sentimiento de la fortaleza multiplicada. Al servicio de esa misma voluntad se encuentra también un instinto en apariencia contrario del espíritu, una repentina resolución de ignorar, de aislarse de forma voluntaria, un cerrar sus ventanas, un decir no, dentro de sí, a esta o a aquella cosa, un no permitir que nada se nos aproxime, un cierto estado de defensa contra muchas cosas de las que cabe poseer un saber, un alegrarse con la oscuridad, con el horizonte que nos aísla, un decir sí al analfabetismo y un darlo por bueno, todo lo cual es necesario, conforme con el nivel de nuestra propia fuerza de asimilación, de nuestra "fuerza digestiva", para expresarlo en imágenes, y en verdad a lo que más se parece "el espíritu" es a un estómago". Del mismo modo, forma parte de lo dicho la esporádica voluntad del espíritu de dejarse engañar, tal vez porque presienta con picardía que las cosas no son de este y del otro modo, que solamente nosotros las consideramos de ese y del otro modo, un placer en toda inseguridad y equivocidad, un jubiloso autodisfrute de la estrechez y la ocultación voluntaria de un rincón, de lo excesivamente cerca, de la fachada, de lo agrandado, disminuido, desplazado, embellecido, un autodisfrute de lo atropellado de todas esas exteriorizaciones de poder. En fin, son parte de lo ya mencionado, de aquella prontitud del espíritu, que no para de dar que pensar, para mentir a otros espíritus y enmascararse ante ellos, esa presión y empuje permanentes de un espíritu creador, configurador, transmutador. Aquí, el espíritu disfruta de su pluralidad de máscaras y de su picardía, también disfruta del sentimiento de su seguridad en eso, ¡son definitivamente sus artes proteicas, en realidad, las que mejor lo defienden y ocultan! En oposición a esa voluntad de apariencia, de reducción, de máscara, de vestidura, en suma, de superficie pues toda superficie es una vestidura que actúa aquella excelsa tendencia del hombre de conocimiento a tomar y desear tomar las cosas de una manera profunda, compleja, radical. Especie de crueldad de la conciencia y el gusto intelectuales que cualquier pensador valiente observará en sí mismo, presumiendo que, como es debido, haya acostumbrado y afilado durante bastante tiempo sus ojos para observarse a sí mismo y se halla habituado a la disciplina rigurosa, así mismo, a las palabras rigurosas. Ese pensador expresará, "hay algo cruel en la tendencia de mi espíritu". ¡Que los virtuosos y cordiales traten de disuadirlo de ella! De hecho, más agradable de escuchar sería el que de nosotros, de nosotros los espíritus libres, muy libres, se dijera, se murmurara, se alabara el que tenemos, por ejemplo, en vez de crueldad, una "honestidad desenfrenada", ¿y tal vez será eso lo que en verdad señale nuestra fama póstuma? Mientras tanto, pues, hay tiempo hasta ese momento, a lo que menos tenderíamos nosotros, sin duda, es a ataviarnos con tales brillos y guirnaldas morales de palabras: todo nuestro trabajo efectuado hasta ahora nos quita totalmente las ganas de ese gusto y de su jubilosa exuberancia. Palabras encantadoras, radiantes, tintineantes, solemnes son: honestidad, amor a la verdad, amor a la sabiduría, sacrificio por el conocimiento, heroísmo del hombre veraz, en ellas hay algo que hace inflamarse a nuestro orgullo. Pero nosotros, los eremitas y marmotas, nosotros hace mucho tiempo ya que nos hemos convencido, en el secreto de una conciencia de eremita, de que ese digno atavío de palabras también forma parte de los antiguos y falsos adornos, cachivaches y purpurinas de la inconsciente pedantería humana, y también de que debajo ese color y esa capa de pintura aduladores tenemos que descubrir nuevamente el terrible texto básico *homo natura*[52]. Retraducir, en realidad, el hombre a la naturaleza; apoderarse de las nutridas, vanidosas e ilusas explicaciones y significaciones secundarias que hasta el momento han sido borroneadas y pintadas sobre aquel perenne

---

52   Hombre naturaleza.

texto básico *homo natura*; hacer que en adelante el hombre se enfrente al hombre del mismo modo que hoy, curtido en la disciplina de la ciencia, ya se enfrenta a la otra naturaleza con impávidos ojos de Edipo y con cerrados oídos de Ulises, sordo a las encantadoras melodías de todos los antiguos caza-pájaros metafísicos que por demasiado tiempo le han estado sonando con su flauta: "¡Tú eres más! ¡Tú eres superior! ¡Tú eres de otra procedencia!", posiblemente este sea un trabajo raro y loco, pero es un trabajo ¡quién lo negaría! ¿Por qué no-sotros hemos escogido ese trabajo loco? O hecha la pregunta de otra manera: "¿Por qué el conocimiento, en definitiva?". Todo el mundo nos preguntará por esto. Y nosotros, obliga-dos de ese modo, nosotros, que nos hemos preguntado cien veces a nosotros mismos justamente eso, no hemos hallado ni hallaremos mejor respuesta que...

231

El aprender nos trasmuta, hace lo que hace cualquier alimento, el cual no se limita tampoco a "mantener", como saben los fisiólogos. Pero en lo más profundo de nosotros, totalmente "allá abajo", hay en verdad algo insurrecto a todo aleccionamiento, una roca granítica de *fatum*[53] espi-ritual, de decisión y réplica predeterminadas a preguntas predeterminadas y escogidas. En cualquier problema radi-cal se expresa un inmodificable "esto soy yo"; sobre el varón y la mujer, por ejemplo, un pensador no consigue aprender nada nuevo, sino solo aprender hasta el final, solo recono-cer hasta el final lo que sobre esto "está fijo". Rápidamente encontramos ciertas soluciones de problemas que para no-

---

53   Hado.

sotros establecen una fe sólida; tal vez, en lo sucesivo, las denominemos nuestras "convicciones". Luego observamos en ellas solamente huellas que nos llevan al conocimiento de nosotros mismos, indicadores que nos muestran el problema que somos nosotros, o más precisamente, la gran estupidez que somos nosotros, nuestro *fatum* espiritual, ese algo opuesto a todo aleccionamiento que está completamente "allá abajo". Después de las gentilezas que acabo de decir, tal vez se me permita enunciar algunas verdades sobre la "mujer en sí", imaginando que se sepa de antemano, a partir de ahora, hasta qué punto son absolutamente nada más que mis propias verdades.

232

La mujer desea llegar a ser independiente y para ello empieza ilustrando a los varones sobre la "mujer en sí". Este es uno de los peores avances del afeamiento general de Europa. ¡Pues, ¿qué tendrán que sacar a luz esas torpes tentativas del cientificismo y autodesnudamiento femeninos?! Son muchas las razones de pudor que tiene la mujer, son muchas las cosas presumidas, superficiales, doctrinarias, sórdidamente presuntuosas, sórdidamente desenfrenadas y poco modestas que hay escondidas en la mujer ¡basta analizar su trato con los niños! Cosas, en el fondo, que por lo que se han hallado reprimidas y sometidas hasta el momento ha sido por el miedo al varón. ¡Ay, si alguna vez a lo "permanentemente aburrido que hay en la mujer" ¡tiene derroche de ello!, le es válido atreverse a manifestarse!, ¡si ella empieza a olvidar absolutamente y por principio, su inteligencia y su arte, la inteligencia y el arte de la gracia, del jugar, del borrar las preocupaciones, de hacer ligeras las cosas y tomárselas a la ligera, su delicada destreza para los deseos agradables! Ya hoy en día se levantan voces femeninas que, ¡por San Aristófanes!, hacen temblar, se nos coacciona con decirnos con claridad médica qué es ante todo lo que desea la mujer y sobre todo del varón. ¿No es de horrible gusto que la mujer se disponga a volverse científica de esa forma? Hasta ahora, afortunadamente, el explicar las cosas era un tema de varones, don de varones, así estos perduraban "por debajo de sí mismos". Y por último, con relación a todo lo que las mujeres escriban acerca de "la mujer" es válido reservarse una gran desconfianza sobre si la mujer desea propiamente aclaración sobre ella misma y puede desearla... Si una mujer no quiere con esto un nuevo ornamento para sí —yo pienso, en efecto, que el adornarse forma parte de lo perpetuamente femenino—, bien, entonces lo que desea es estimular miedo hacia ella, y con esto tal vez quiera dominio. Pero no desea la verdad. ¿Qué le importa la verdad a la mujer? Desde el inicio, nada resulta más excepcional, repugnante, discrepante en la mujer que la verdad, su gran habilidad es la mentira, su suprema preocupación son la apariencia y la belleza. Vamos a confesarlo nosotros los varones: nosotros enaltecemos y amamos en la mujer ese arte y ese instinto, totalmente, nosotros, a quienes las cosas se nos hacen más difíciles y que con gusto nos reunimos, para nuestro consuelo, con seres bajo cuyas manos, miradas y delicadas tonterías hacen parecer casi una necedad nuestra seriedad, nuestra gravedad y profundidad. Por último, yo hago esta pregunta: ¿alguna vez una mujer le ha otorgado profundidad a una cabeza de mujer, imparcialidad a un corazón de mujer? ¿Y no es cierto que, a grandes rasgos, "la mujer" hasta ahora ha sido lo más desestimado por la mujer y, de ningún modo, no lo ha sido por nosotros? Nosotros, los varones ansiamos que la mujer no siga desacreditándose por medio de la ilustración, igual que fue preocupación e interés del varón por la mujer el hecho de que la Iglesia decretara: *mulier taceat in ecclesia!*[54] Fue en beneficio de la mujer por lo que Napoleón dio a entender a la excesivamente locuaz Madame de Staél: *mulier taceat in politicis!*[55]. Y yo creo que es un verdadero amigo de la mujer quien hoy les grite a las mujeres: *mulier taceat de muliere!*[56]

233

Revela una corrupción de los instintos, prescindiendo todavía de que revela muy mal gusto, el que una mujer exhorte totalmente a Madame Roland o a Madame de Staël o a Monsieur George Sand, como si de esta manera se demostrara algo a favor de la "mujer en sí". Las antes mencionadas, entre nosotros los varones, son tres mujeres ridículas ¡nada más! y, definitivamente, son los mejores y más espontáneos contraargumentos en oposición a la emancipación y en contra de la autoridad femenina.

234

La idiotez en la cocina; la mujer como cocinera; ¡el espantoso descuido con que se prepara el alimento familiar y del dueño de la casa! La mujer no entiende qué significa

54 ¡Calle la mujer en la iglesia!
55 ¡Calle la mujer en los asuntos políticos!
56 ¡Calle la mujer acerca de la mujer!

la comida ¡y desea ser cocinera! ¡Si la mujer fuera un ser pensante habría tenido que descubrir como cocinera, desde hace milenios, en efecto, los más grandes hechos fisiológicos e igualmente habría tenido que apropiarse de la medicina! Las pésimas cocineras, la absoluta falta de razón en la cocina, es lo que más ha retrasado, lo que más ha dañado el desarrollo del ser humano. Hoy en día las cosas están solo un poco mejor. Una disertación para estudiantes de los cursos superiores.

235

Hay giros y ocurrencias del espíritu, hay resoluciones, un pequeño manojo de palabras, en los que una cultura completa, una sociedad entera, quedan materializadas de repente. De ellos es parte aquella frase secundaria de Madame de Lambert a su hijo: *mon ami, ne vous permettez jamais que de folies qui vous feront grand plaisir*[57]: dicho sea de paso, es la frase más maternal y más profunda que alguna vez se ha dirigido a un hijo.

236

Lo que Dante y Goethe creyeron de la mujer: el primero, al cantar *ella guardaba suso, ed io in lei*[58]; el segundo, tradujo lo anterior por "lo eterno femenino nos lleva hacia arriba". Yo no dudo de que cualquier mujer un poco noble se enfrentará a esa creencia, pues ella cree, precisamente, eso de lo eterno masculino...

---

57   Amigo mío, no te permitas nunca más que las locuras te produzcan un gran placer.
58   Ella miraba hacia arriba, y yo hacia ella.

237
Siete refranillos sobre las mujeres

¡Cómo vuela el aburrimiento más extenso cuando un varón se arrastra hacia nosotras!

La vejez, ¡ay!, y la ciencia dan fortaleza incluso a la débil virtud.

El traje negro y el silencio visten de inteligencia a cualquier mujer.

¿A quién le estoy agradecida de mi felicidad? ¡A Dios y a mi modista!

Joven: gruta florida. Vieja: de ella emerge un dragón.

Nombre noble, pierna bonita y, además, un varón: ¡oh si este fuera mío!

Discurso breve, sentido largo. ¡Hielo resbaladizo para la burra!

Las mujeres, hasta el momento, han sido tratadas por los varones como aves que, desde una altura cualquiera, han caído sin orientación hasta ellos, como algo más selecto, más delicado, más salvaje, más asombroso, más amable, más lleno de alma, como algo que hay que atrapar para que no se escape volando.

238

No atinar en el problema fundamental "varón y mujer", negar que ahí surge el antagonismo más profundo y la necesidad de una tensión permanentemente hostil, soñar aquí con los mismos derechos, tal vez, la misma educación, iguales exigencias y obligaciones, esto muestra un signo típico de banalidad, y a un pensador que en este peligroso espacio haya demostrado ser superficial, ¡superficial de instinto! es válido considerarlo sospechoso, aún más, delatado, atrapado, factiblemente será demasiado "corto" para todos los asuntos básicos de la vida, también de la vida futura, y no logrará bajar a ninguna profundidad. Por otro lado, un varón que posea profundidad, tanto en su espíritu como en sus apetitos, que también posea esa profundidad de la generosidad que es capaz de rigor y dureza, y que es posible confundir con estos, nunca puede pensar acerca de la mujer más que de forma oriental, tiene que percibir a la mujer como una posesión, como una propiedad que puede guardar bajo llave, como algo consagrado para servir y que logra su perfección en la servidumbre, aquí, tiene que descansar en la enorme razón de Asia, en la supremacía de instintos de Asia, tal como lo hicieron remotamente los griegos, los mejores sucesores y alumnos de Asia, quienes, como se sabe, desde Homero hasta los tiempos de Pericles, a medida que iba aumentando su cultura y ampliándose su fuerza, también se fueron haciendo, paso a paso, más inflexibles con la mujer, en definitiva, más orientales. Qué necesario, qué racional, qué humanamente deseable fue esto. ¡Reflexionemos acerca de ello en nuestro interior!

239

En ninguna otra época el sexo débil ha sido considerado por los varones con tanta estima como en la nuestra, esto es parte de la tendencia y del gusto democrático fundamental, igual que la falta de respeto hacia la vejez. ¿Qué tiene de raro el que muy pronto se vuelva a pasar por encima de esa estima? Se desea más, se aprende a exigir, se termina considerando que ese tributo de estima es casi ofensivo, se preferiría la competencia por los derechos, incluso, mejor la lucha; en definitiva, la mujer pierde pudor. Enseguida podemos añadir que también pierde gusto. Desaprende a sentir temor del varón, pero la mujer que "desaprende el temor" renuncia a sus instintos más femeninos. Que la mujer se hace osada cuando ya no se aprecia, tampoco se desarrolla aquello que en el varón infunde temor o, digamos de forma más puntual, el varón existente en el varón, eso ya es suficientemente obvio y también bastante entendible. Lo que resulta más complejo de entender es que, absolutamente, con eso la mujer degenera. Esto es lo que sucede hoy, ¡no nos mintamos sobre ello! En cualquier lugar en que el espíritu industrial logra la victoria sobre el espíritu militar y aristocrático, la mujer ahora anhela la independencia económica y jurídica de un dependiente de comercio: "la mujer como dependiente de comercio" se encuentra en la puerta de la sociedad moderna que está gestándose. En la medida en que de esa manera se adjudica nuevos derechos y trata de convertirse en "señor" e inscribe el "progreso" de la mujer en sus banderas y banderines, en la misma medida sucede, con espantosa claridad, lo contrario: la mujer retrocede. Desde la Revolución francesa la influencia de la mujer se ha reducido en Europa en la medida en que ha crecido en derechos y exigencias, y la "emancipación de la mujer", en la medida en que es solicitada y originada por las propias mujeres (y no solo por necios masculinos), resulta ser de esa manera un muy notable síntoma de la debilidad y el creciente embotamiento de los más femeninos de todos los instintos. Hay imbecilidad en ese movimiento, una estupidez prácticamente masculina, de la cual una mujer bien formada, que es siempre una mujer inteligente, tendría que sentir vergüenza de raíz. Perder el olfato para reconocer cuál es el terreno en el que con más certeza se obtiene la victoria; descuidar la ejercitación en nuestro genuino arte de las armas; dejarse ir frente al varón, a lo mejor, incluso "hasta el libro", en lugar de guardar, como antes, una disciplina y una grácil y maliciosa humildad; trabajar, con virtuosa osadía, contra la fe del varón en un ideal completamente diferente encubierto en la mujer, en lo permanente y necesariamente femenino; convencer al varón, de manera expresa y elocuente, de que la mujer debe ser mantenida, protegida, cuidada, tratada con indulgencia, igual que un animal doméstico muy delicado, raramente salvaje y, con frecuencia, agradable. El torpe y encolerizado rebuscar aquello que de esclavo y servil ha mantenido y aún mantiene la perspectiva de la mujer en el orden social vigente hasta el momento (como si la esclavitud fuera un contraargumento y no, en cambio, una condición de cualquier cultura superior, de cualquier elevación de la cultura). ¿Qué significa todo eso aparte de una disgregación de los instintos femeninos, una desfeminización? Por supuesto, hay suficientes amigos idiotas de la mujer y suficientes pervertidores idiotas de la mujer, entre los burros eruditos de sexo masculino que recomiendan a la mujer desfeminizarse de esa manera e imitar todas las idioteces de las que, en Europa, está aquejado el "varón", la "masculinidad" europea, ellos desearían rebajar a la mujer hasta la "cultura general", incluso, hasta a leer periódicos y participar en la política. Aquí y allá se desea hacer de las mujeres librepensadoras y literatas, como si una mujer sin piedad no fuera para un hombre intenso y ateo algo totalmente despreciable o ridículo, casi en cualquier lugar se echan a perder los nervios de las mujeres con el más enfermizo y peligroso de todos los géneros de música (nuestra música alemana más reciente) y, cada día, se las hace más histéricas y más incompetentes para atender su primera y última profesión, la de procrear hijos vigorosos. Se las desea "cultivar" aún más y, según se menciona, se desea, mediante la cultura, hacer fuerte al "sexo débil", como si la historia no mostrara del modo más insistente posible que el "cultivo" del ser humano y el debilitamiento, o sea, el debilitamiento, la separación, el quebrantar la fuerza de la voluntad, siempre han marchado juntos, y que las mujeres más fuertes e influyentes del mundo (recientemente, la madre de Napoleón) han debido su poder y su superioridad sobre los varones, justamente a su fuerza de voluntad ¡y no a los profesores de escuela! Lo que en la mujer provoca respeto y, con mucha frecuencia, temor es su naturaleza, la cual es mucho "más natural" que la del varón, su genuina flexibilidad y astucia, igual que un animal de presa, su garra de tigre debajo del guante, su inocencia en el egoísmo, su poca educabilidad y su salvajismo interior, el carácter escurridizo, amplio, errante de sus apetitos y virtudes... A pesar de todo el miedo, lo que hace sentir compasión de ese peligroso y hermoso gato que es la "mujer" es el hecho de que parezca más doliente, más endeble, más desprovista de amor y más forzada al desengaño que ningún otro animal. Miedo y compasión, con estos sentimientos se ha enfrentado el hombre a la mujer hasta ahora, siempre con un pie en la tragedia, la cual destroza en la misma medida en que cautiva. ¿Cómo? ¿Y esto estará terminando ahora? ¿Y se trabaja para quitar el encanto a la mujer? ¿En el horizonte, aparece lentamente la aburridificación de la mujer? ¡Oh Europa! ¡Europa! ¡Se conoce el animal con cuernos que eternamente ha sido más atrayente para ti, del cual siempre te viene el peligro! Tu antigua fábula podría convertirse de nuevo en "historia", ¡la estupidez podría adueñarse nuevamente de ti y arrebatarte! Y debajo de ella no se ocultaría un dios, ¡no!, ¡sino solamente una "idea", una "idea moderna"!...

OCTAVA PARTE

PUEBLOS Y PATRIAS

240

He vuelto a escuchar —por primera vez— la obertura de Richard Wagner para *Los maestros cantores*. Este es un arte ostentoso, sobrecargado, grave y tardío, que tiene el orgullo de imaginar que, para entenderlo, siguen estando vivos dos siglos de música. ¡Honra a los alemanes el que tal orgullo no haya errado en el cálculo! ¡Qué savias y fortalezas, qué estaciones y climas están aquí unidos! A veces nos parece anticuado, otras, forastero, hosco y superjoven. Es tan caprichoso como ostentosamente tradicional, no pocas veces es pícaro y, aún con más frecuencia, tosco y grosero, tiene fuego y bravura y, a la vez, la blanda y amarillenta piel de los frutos que han madurado muy tarde. Corre ancho y lleno, y de pronto surge un momento de vacilación inexplicable, como un vacío que se divide entre causa y efecto, una opresión que nos hace soñar casi una pesadilla, pero entonces vuelve a fluir, amplia y extensa, la antigua corriente de bienestar, de un bienestar fuertemente complejo, de una felicidad vieja y nueva, en cuya cuenta se contiene, y mucho, la felicidad que el artista experimenta dentro de sí mismo, de la cual no desea él hacer un secreto, su sorprendida y feliz consciencia de la maestría de los recursos empleados aquí por él, nuevos medios artísticos recién obtenidos y no probados antes, como parece hacernos entender. Observadas las cosas en conjunto, aquí no hay belleza, ni sur, ni la meridional y delicada luminosidad del cielo, ni gracia, ni danza, ni apenas voluntad de lógica; incluso hay algo de torpeza, que además es resaltada, como si el artista quisiera decirnos: "ella es parte de mi intención". Un pesado aderezo, algo voluntariamente bárbaro y solemne, un resplandor de preciosidades y recamados eruditos y venerables; algo alemán en el mejor y en el peor sentido de la palabra, algo complejo, sin forma e inagotable a la manera alemana; una cierta potencialidad y sobreplenitud alemanas del alma, que no experimentan miedo de ocultarse bajo los refinamientos de la decadencia, que posiblemente sea allí donde más a gusto se encuentren; un preciso y auténtico signo característico del alma alemana, que es joven y anciana a la vez, excepcionalmente madura y asombrosamente rica aún de futuro. Este tipo de música es la que mejor muestra lo que yo pienso de los alemanes: son de anteayer y de pasado mañana, todavía no tienen hoy.

241

Nosotros, "los buenos europeos", también tenemos momentos en los que nos permitimos una decidida nacionalidad, un encontronazo y recaída en viejos amores y privaciones, acabo de dar una prueba de ello, horas de emociones nacionales, de angustias patrióticas y de todos los demás antiguos desbordamientos sentimentales. Espíritus más tardíos que nosotros demorarán tal vez dilatados espacios de tiempo en liberarse de eso, que en nosotros se circunscribe a unas horas y en unas horas concluye, algunos tardarán medio año, y otros media vida, de acuerdo con la rapidez y la fuerza de su digestión y de su "metabolismo". Sí, yo podría imaginar razas lerdas, indecisas, que hasta en nuestra apurada Europa necesitarían medio siglo para sobreponerse a tales ataques ancestrales de patriotería y de apegamiento a la patria, y para volver a regresar a la razón, es decir, al "buen europeísmo". Y mientras estoy rondando sobre esta posibilidad me ocurre que asisto como testigo de oído a un diálogo entre dos viejos "patriotas", claramente los dos oían mal y por ello hablaban tan alto. "Ese comprende y sabe de filosofía tanto como un granjero o un estudiante asociado a una corporación —decía uno—, aún es inocente. ¡Pero qué importa eso hoy! Estamos en la era de las masas: estas se arrodillan ante todo lo masivo. Y eso también sucede *in politicis*[59]. Un estadista que les alce a las masas una nueva torre de Babel, un monstruo cualquiera de imperio y poder, ese es 'grandioso' para ellas. Qué importa que nosotros, los que somos más y más prudentes, continuemos sin abandonar por el momento la vieja fe, de acuerdo con la cual solo el pensamiento grande es el que da nobleza a una acción o a una causa. Admitiendo que un estadista pusiera a su pueblo en condiciones de tener que efectuar en lo sucesivo 'gran política', para la cual este se hallara mal dotado y mal preparado por naturaleza, de manera que, por amor a una novedosa y problemática mediocridad, se viera obligado a sacrificar sus viejas y seguras virtudes, imaginando que un estadista condenara a su pueblo a 'hacer política' sin más, siendo de esa manera, que hasta este momento ese mismo pueblo tuvo algo mejor que hacer y que pensar, y que en lo más profundo de su alma no se ha liberado de una prudente náusea frente a la inquietud, vaciedad y escandalosa pendenciosidad de los pueblos que justamente hacen política: imaginando

---

59 En asuntos políticos.

que ese estadista enardeciera las adormecidas pasiones y apetitos de su pueblo, les reprochara su previa timidez y su previo gusto en permanecer al margen, les culpara de su extranjerismo y de su oculta infinitud, descalificara sus más marcadas inclinaciones, diera la vuelta a su conciencia, hiciera angosto su espíritu 'nacional', su gusto, ¡cómo! ¿Es que un estadista que lograra todo eso y al que su pueblo tendría que enmendar por todo el futuro, en el supuesto de que tenga futuro, es que tal estadista sería grande? "¡Indudablemente!", le respondió con arrebato el otro viejo patriota, ¡de lo contrario, no podría haber sido capaz de hacer lo que hizo! ¡Tal vez haya sido una locura desear algo así! ¡Pero, posiblemente todo lo grande no haya sido más que una locura en sus inicios!". "¡Abuso de las palabras!", respondió a gritos su interlocutor: "¡Fuerte! ¡Fuerte! ¡Fuerte y loco! ¡No grande!". Los viejos, evidentemente, se habían exaltado cuando se gritaban a la cara sus "verdades" de esa forma, pero yo, en mi felicidad y en mi más allá, pensaba cuán pronto sometería al fuerte otro más fuerte, y también, que hay una indemnización para la superficialización espiritual de un pueblo, a saber, la que ocurre mediante la profundización de otro.

242

Bien se llame "civilización" o "humanización" o "progreso" a eso en lo que ahora se busca el semblante que distingue a los europeos, o bien se lo llame simplemente, sin enaltecer ni reprobar con una fórmula política, el movimiento democrático de Europa, detrás de todas esas fachadas morales y políticas a las que, con tales fórmulas, se hace referencia está efectuándose un enorme proceso fisiológico, que destila cada vez más, el proceso de un asemejamiento de los europeos, su gradual desvinculación de las circunstancias en que se generan razas vinculadas a un clima y a una condición, su gradual independencia de cualquier *milieu*[60] establecido, que a lo largo de siglos, seguramente, se asentaría en el alma y en el cuerpo con iguales exigencias, o sea, la pausada aparición en el horizonte de una especie fundamentalmente supranacional y nómada de ser humano, la que, hablando fisiológicamente, posee como rasgo típico distintivo suyo un extremo de arte y de capacidad de adaptación. Este proceso del europeo que está aconteciendo, proceso que puede ser retrasado en su *tempo* por grandes recaídas, pero que, posiblemente, justo por ello gane y progrese en vehemencia y profundidad, de él forma parte el aún furioso *Sturm und Drang*[61] del "sentir nacional", e igualmente el anarquismo que acaba de surgir en el horizonte. Ese proceso está dedicado posiblemente a resultados con los que, tal vez, sea los que menos consideren sus ingenuos inspiradores y entusiastas, los apóstoles de las "ideas modernas". Las mismas novedosas condiciones bajo las que surgirán, expresándolo en términos generales, una nivelación y una mediocrización del hombre, un hombre animal de rebaño, lucrativo, afanoso, utilizable y hábil en muchas cosas, son ideales en alto grado para dar origen a hombres-excepción de una condición peligrosísima y muy atractiva. Efectivamente, mientras esa fuerza de adaptación que prueba minuciosamente situaciones siempre cambiantes y que empieza un nuevo trabajo con cada generación, casi con cada decenio, no hace viable, en ninguna forma,

60 Medio.
61 Borrasca e ímpetu.

la potencialidad del tipo; mientras que la impresión global causada por tales europeos futuros será posiblemente la de trabajadores competentes para muchas tareas, charlatanes, carentes de voluntad y maravillosamente adaptables, que necesitan del amo, del que manda, como del pan de cada día. Mientras que la democratización de Europa está dedicada, por lo tanto, a procrear un tipo preparado para la esclavitud en su sentido más delicado, en un caso único y excepcional, el hombre fuerte tendrá que ser más fuerte y más rico que nunca hasta ahora, gracias a la ausencia de prejuicios de su educación, gracias a la inmensa multiplicidad de su ejercitación, su arte y su máscara. He querido expresar que la democratización de Europa es un organismo espontáneo para engendrar tiranos, entendida esta palabra en todos los sentidos, así mismo, en el más espiritual.

243

Me ha alegrado saber que nuestro sol se mueve con rápido movimiento hacia la constelación de Hércules. Espero que el hombre que habita en esta tierra actúe igual que el sol. ¡Y que nosotros, los buenos europeos, marchemos a la vanguardia!

244

Hubo una época en que la gente estaba acostumbrada a otorgar a los alemanes la distinción de llamarlos "profundos". Ahora, cuando el tipo de mayor éxito del nuevo germanismo está deseoso de honores totalmente diferentes y en todo lo que tiene profundidad extraña, tal vez, el "arrojo", casi resulta oportuna y patriótica la duda de si en otro momento la gente no se mentía con aquella alabanza, en definitiva, de si la profundidad alemana no era realmente algo diferente; y peor, algo de que, gracias a Dios, se está en trance de desprenderse con éxito. Hagamos, entonces, el intento de cambiar nuestras ideas acerca de la profundidad alemana, para esto solo es necesario una pequeña vivisección del alma alemana. El alma alemana es, antes que nada, complicada, tiene orígenes dispares, está compuesta más bien de elementos superpuestos y yuxtapuestos, en vez de estar realmente estructurada, esto depende de su origen. Un alemán que quisiera atreverse a aseverar: "¡ay!, dos almas viven en mi pecho", ofendería gravemente a la verdad o, más bien, quedarían muchas almas por detrás de la verdad. Por ser un pueblo en el que ha existido la más grande mezcolanza y rozamiento de razas, tal vez incluso con un predominio del elemento preario, por ser un "pueblo del medio" en todos los aspectos los alemanes son más incomprensibles, más amplios, más discordantes, más desconocidos, más incalculables, más asombrosos, incluso más temibles que lo son otros pueblos para sí mismos, escapan a la definición y ya por esa razón son la decepción de los franceses. A los alemanes los identifica el hecho de que entre ellos la pregunta "¿qué es alemán?", no se extingue jamás.

Ciertamente, Kotzebue conocía bastante bien a sus alemanes: "Nos han reconocido", le decía a estos, gozoso, pero Sand también creía conocerlos. Jean Paul sabía lo que estaba haciendo cuando protestó rabiosamente contra las falsas pero patrióticas adulaciones y ponderaciones de Fichte, y es probable que Goethe pensara de manera distinta a Jean

Paul acerca de los alemanes, a pesar de que le dio la razón a este con relación a Fichte. ¿Qué habrá pensado Goethe ciertamente sobre los alemanes? Él nunca habló con claridad acerca de muchos de los asuntos que lo rodeaban, y fue experto, durante toda su vida, en callar sutilmente, seguramente tenía excelentes razones para hacerlo. Es verdad que no fueron las "guerras de liberación" las que le hicieron levantar los ojos con mayor regocijo, así como tampoco lo fue la Revolución francesa el suceso que lo hizo cambiar de modo de pensar sobre su Fausto, e incluso acerca del total problema "hombre", fue el surgimiento de Napoleón. Hay frases de Goethe en las que enjuicia con una inquieta dureza, cómo, desde un país extranjero, eso que los alemanes presentan entre sus motivos de orgullo, el famoso *gemüth*[62] alemán lo explicó, una vez, como "condescendencia para con las debilidades propias y ajenas". ¿No tiene razón al decir eso? A los alemanes los caracteriza el hecho de que pocas veces no se tiene la razón al hablar sobre ellos. El alma alemana tiene en su interior galerías y pasillos, en ella hay grutas, escondrijos, mazmorras; su desorden posee mucho del encanto de lo misterioso. El alemán es especialista en los tortuosos caminos que llevan al caos. Y como toda cosa que ama a su símbolo, así, el alemán ama las nubes y todo aquello que es poco claro, lo que se encuentra en acontecer, en lo crepuscular, en lo acuoso y velado, en lo incierto, lo no establecido, lo que se traslada, lo que crece, cualquiera que sea su naturaleza, eso él lo experimenta como "profundo". El alemán mismo no es, sino que sucede, "se desarrolla", por eso el "desarrollo" es el verdadero hallazgo y acierto alemán en el magno imperio de las fórmulas filosóficas. Una

---

62 Talante.

noción soberana que, en asociación con la cerveza alemana y con la música alemana, trabaja en germanizar la Europa entera. Los extranjeros se detienen, sorprendidos y atraídos, frente a los enigmas que les traza la naturaleza contradictoria que hay en lo profundo del alma alemana (naturaleza discordante que Hegel redujo a sistema y Richard Wagner, últimamente, aún a música). "Bonachones y perversos" esa yuxtaposición, ilógica con respecto a cualquier otro pueblo, por desgracia se evidencia con demasiada frecuencia en Alemania, ¡basta con vivir algo de tiempo entre suabos! La torpeza del erudito alemán, su insipidez social se compadece espantosamente bien con una volatinería íntima y con una desplegada audacia, de las que todos los dioses ya han aprendido a sentir miedo. Si se desea el "alma alemana" mostrada *ad oculos*[63] basta con observar en el interior del gusto alemán, de las artes y tradiciones alemanas: ¡qué ordinaria indiferencia frente al gusto! ¡Cómo allí se encuentran juntos lo más sublime y lo más vulgar! ¡Qué desquiciada y profusa es toda esa economía psíquica! El alemán carga a rastras su alma, carga a rastras todas las vivencias que tiene. Asimila mal sus acontecimientos, nunca se "desembaraza" de ellos, la profundidad alemana es, con frecuencia, solamente una mala y retardada "digestión". Y de ese modo, como todos los enfermos habituales, todos los dispépticos, tienen tendencia a la comodidad, así, el alemán adora la "sinceridad" y la "rectitud". ¡Qué cómodo es ser sincero y recto! Posiblemente, hoy el disfraz más peligroso y más afortunado en que el alemán es experto resida en ese aspecto familiar, complaciente, de cartas boca arriba, que posee la honestidad alemana: ese es su genuino arte

---

63 Ante la vista.

mefistofélico, ¡con él alcanza a "llegar lejos todavía"! El alemán se deja ir y consiente eso con sus fieles, azules, vacíos ojos germanos ¡y de inmediato el extranjero lo confunde con su camisa de dormir! He querido expresar que sea lo que sea la "profundidad alemana", ¿tal vez, no nos permitimos, muy entre nosotros, burlarnos de ella? Hacemos bien al seguir honrando su apariencia y su buen nombre y en no modificar, a un precio demasiado bajo, nuestra vieja reputación de pueblo de la profundidad por el "coraje" prusiano y por la agudeza y la arena de Berlín. Para un pueblo es algo inteligente hacerse pasar por profundo, torpe, cándido, honesto, no-inteligente: esto podría hasta ¡ser profundo! Como último punto: debemos alabar nuestro propio nombre, no en vano nos llamamos *das "tiusche" Volk*, el pueblo engañoso...

245

Los "viejos y buenos tiempos" han terminado, con Mozart corearon su última canción, ¡qué felices nos sentimos nosotros por el hecho de que su rococó nos sigue hablando, por el hecho de que a su "buena sociedad", a su sutil entusiasmo y a su gusto pueril por lo chinesco y florido, a su gentileza del corazón, a su ansia de cosas graciosas, enamoradas, danzarinas, bienaventuradas hasta las lágrimas, a su fe en el sur, les continúa siendo válido apelar a un cierto residuo que existe en nosotros! ¡Ay, esto habrá sucedido alguna vez! pero, ¿quién pondría en duda de que antes habrá desaparecido la capacidad de comprender y disfrutar à Beethoven? quien, en efecto, no fue más que la nota final de una transición estilística y de una ruptura del estilo, y no, como Mozart, la nota final de un buen gusto europeo que había durado siglos. Beethoven es el suceso intermedio entre un alma vieja y reblandecida, que se resquebraja permanentemente, y un alma futura y superjoven que está llegando constantemente. Sobre su música se desarrolla esa luz crepuscular propia del perder eterno y del eterno y errante abrigar esperanzas, la misma luz que bañaba a Europa cuando, con Rousseau, había soñado, cuando danzó alrededor del tronco de la libertad de la Revolución y, finalmente, casi idolatró a Napoleón. Pero con qué rapidez se esfuma, justamente ahora, ese sentimiento, qué complejo resulta hoy saber algo sobre ese sentimiento, ¡qué extraña resuena en nuestros oídos la lengua de esos Rousseau, Schiller, Shelley, Byron, en quienes, juntos, halló su camino hacia la palabra el mismo destino de Europa, que en Beethoven había sabido cantar! La música alemana que surgió después es parte del romanticismo, o sea, de una corriente que, en un cálculo histórico, es aún más corto, aún más fugaz, aún más superficial que aquel inmenso entreacto, que aquella transformación de Europa que se desarrolla desde Rousseau hasta Napoleón y hasta la aparición en el horizonte de la democracia. Weber ¡qué son hoy para nosotros *Der Freischütz*[64] y *Oberón*! ¡O *Hans Heiling* y *El vampiro*, de Marschner! ¡Y hasta el *Tannhäuser*, de Wagner! Toda, es una música que ha ido dejando de sonar, aunque todavía no ha sido olvidada. Toda esta música del romanticismo, conjuntamente, no era suficientemente noble, no era suficientemente música como para conseguir imponerse también en otros lugares diferentes, además de en el teatro y frente a la multitud. De antemano, era música de

---

64 El cazador furtivo.

segunda categoría, que entre músicos genuinos fue poco tenida en cuenta. Algo diferente ocurrió con Félix Mendelssohn, ese maestro alciónico que, por poseer un alma más ligera, más pura, más venturosa, fue venerado rápidamente y, del mismo modo, rápidamente olvidado, igual que el bello intermedio de la música alemana. En lo relativo a Robert Schumann, que tomaba todo en serio y a quien, desde un inicio, también se lo tomó en serio es el último que ha formado una escuela. ¿Hoy no se considera entre nosotros como una alegría, como un suspiro de alivio, como una liberación, el hecho de que justamente ese romanticismo schumanniano ya se haya superado? Schumann, cobijado en la "Suiza sajona" de su alma, conformado a medias al modo de Werther y a medias al modo de Jean Paul, ¡ciertamente, no al modo de Beethoven!, ¡ciertamente, no al de Byron! su música sobre el *Manfredo* es un desatino y una tergiversación que alcanzan hasta la injusticia. Schumann, con su gusto, que en realidad era un gusto pequeño (es decir, una disposición peligrosa, doblemente peligrosa entre alemanes, hacia el sereno lirismo y la embriaguez del sentimiento), un hombre que continuamente se hace a un lado, que se contrae y se aísla tímidamente, un noble alfeñique que se deleitaba en una felicidad y un dolor estrictamente anónimos, una especie de muchacha y de *noli me tangere*[65] desde el comienzo, este Schumann no fue en la música más que un suceso alemán, y no un suceso europeo, como lo fue Beethoven, como lo fue, en medida aún más extensa, Mozart; con él la música alemana sufrió el máximo peligro de perder la voz para pronunciar el alma de Europa y de rebajarse a ser pura patriotería.

---

65 No me toques.

246

¡Qué suplicio son los libros escritos en alemán para el hombre que posee un tercer oído! ¡Con qué asco se detiene ese hombre frente a ese pantano, que despacio va dándose la vuelta, de acordes faltos de armonía, de ritmos sin danza, que entre alemanes se denomina un "libro"! ¡Y no digamos nada del alemán que lee libros! ¡De qué forma tan perezosa, tan a regañadientes, tan mala, lee! Qué escasos alemanes saben y se demandan a sí mismos saber que en toda buena frase se oculta arte, ¡arte que pretende ser adivinado en la medida en que la frase pretende ser entendida! Un malentendido sobre su *tempo* por ejemplo, ¡y la frase misma es malentendida! No darse el permiso de tener dudas acerca de cuáles son las sílabas concluyentes para el ritmo, sentir como algo deseado y como un atractivo la ruptura de la simetría en exceso rigurosa, prestar oídos delicados y pacientes a todo *staccatto*[66], a todo *rubato*[67], intuir el sentido que existe en la sucesión de las vocales y diptongos y el modo tan sutil y diverso como pueden adoptar y cambiar de color en su continuación. ¿Quién, entre los alemanes lectores de libros, está bastante dispuesto a reconocer dichos deberes y exigencias y a poner atención a tanto arte e intención contenidos en el lenguaje? La gente no posee, en última instancia, justamente "oídos para esto", por lo cual no se escuchan las antítesis más potentes del estilo y se derrocha, inútilmente, como frente a sordos, la maestría artística más delicada. Estos fueron mis reflexiones cuando percibí de qué modo tan torpe y lerdo la gente confundía a

66 Despegado.
67 Ritmo libre.

dos maestros en el arte de la prosa, uno, al que las palabras le brotaban lentas y frías, igual que desde el techo de una gruta húmeda, él cuenta con su sonido y su eco ahogados y, otro, que maneja su lengua igual que una espada dúctil y que, desde el brazo hasta los dedos del pie, experimenta la peligrosa felicidad de la hoja vibrante, excepcionalmente afilada, que desea morder, silbar, cortar.

247

Que el estilo alemán nada tiene que ver con la armonía y con los oídos, lo muestra el hecho de que precisamente nuestros buenos músicos escriben muy mal. El alemán no lee en voz alta, no lee para ser oído, sino sencillamente con los ojos. Al leer ha aislado sus oídos en un cajón. Cuando el hombre antiguo leía, esto sucedía bastante extrañamente, lo que hacía era recitarse algo a sí mismo, y por supuesto en voz alta. La gente se sorprendía cuando alguien leía en voz baja, preguntándose secretamente las causas de ello. En voz alta, es decir, con todas las protuberancias, inflexiones, cambios de entonación y variaciones de *tempo* en que disfrutaba el mundo público de la antigüedad. Entonces las normas del estilo escrito eran todavía las mismas que las del estilo hablado, y las normas de este dependían, en parte, del sorprendente desarrollo, de las exquisitas necesidades de los oídos y de la laringe y, además, de la fuerza, firmeza y potencia de los pulmones antiguos. Del modo como lo concebían los antiguos, un período, en primer lugar, es un todo fisiológico, en la medida en que se encuentra contenido en una sola respiración. Períodos tal como los que se muestran en Demóstenes, en Cicerón, que se hinchan un par de veces y otro par de veces se deshinchan, todo ello dentro de una sola respiración, esos son disfrutes para hombres antiguos, los cuales, por su propia educación escolar, sabían reconocer la virtud que hay en ello, lo inusual y difícil que es declamar tal período. ¡Nosotros no poseemos, justamente, ningún derecho a ese gran período. Nosotros los modernos. Nosotros los hombres de aliento corto en cualquier sentido! Aquellos antiguos, en realidad, eran todos entusiastas de la oratoria, y en consecuencia, especialistas, y en consecuencia, críticos, de esta manera empujaban a sus oradores a alcanzar el extremo; del mismo modo que en el siglo pasado, cuando todos los italianos e italianas eran especialistas en cantar, el virtuosismo del canto (y junto a esto, también el arte de la melodía) alcanzó la cumbre entre ellos. Pero en Alemania (hasta la época más reciente, en que una cierta elocuencia de tribunos bate sus jóvenes alas con mucha timidez y torpeza) no ha existido propiamente más que un solo género de oratoria pública y, más o menos, acorde a las reglas del arte, la que se efectuaba desde el púlpito. Únicamente el predicador sabía en Alemania cuál es el peso de una sílaba y cuál el de una palabra, hasta qué extremo una frase golpea, rebota, cae, corre, destila, él era el único que tenía conciencia en los oídos, con mucha frecuencia una conciencia infame, pues no escasean los motivos para pensar que justamente el alemán raras veces logra habilidad en la oratoria, generalmente demasiado tarde. Por ello, la obra maestra de la prosa alemana es, notoriamente, la obra maestra de su excelso predicador, hasta ahora, la Biblia ha sido el mejor libro alemán. Al compararlo con la Biblia de Lutero, casi todo lo demás es únicamente "literatura", cosa esta que no es justamente en Alemania donde ha crecido, y que por ello tampoco ha prendido ni prenderá en los corazones alemanes, tal como lo ha hecho la Biblia.

248

Hay dos clases de genio: uno que antes que nada fecunda y quiere fecundar a otros, y otro al que le gusta dejarse fecundar y dar a luz. Y, de la misma manera, entre los pueblos geniales existen unos a los que les ha correspondido la dificultad femenina del embarazo y la oculta tarea de plasmar, de desarrollar, de consumar. Por ejemplo, los griegos fueron un pueblo de esa especie, igualmente los franceses. Y otros que tienen que fecundar y que se transforman en la razón de nuevos preceptos de vida, como los judíos, los romanos, y hecha la pregunta con toda reserva, ¿los alemanes? Pueblos abrumados y deslumbrados por fiebres ignotas, pueblos inexorablemente arrastrados fuera de sí mismos, enamorados y anhelantes de razas extrañas (de razas que se "dejen fecundar") y, en esto, anhelantes de dominio, como todo aquello que se sabe colmado de fuerzas fecundantes y, en consecuencia, "por la gracia de Dios". Estas dos clases de genio se buscan como el hombre y la mujer pero, igualmente, se malentienden el uno al otro, como el hombre y la mujer.

249

Cada pueblo posee su propia hipocresía y la llama sus virtudes. Lo que mejor existe en nosotros, es lo que no podemos conocer.

250

¿Qué le debe Europa a los judíos? Muchas cosas, buenas y malas, y ante todo una, que es al mismo tiempo de las mejores y de las peores: la gran condición de la moral, la terribilidad y la magnificencia de infinitas exigencias, de infinitos significados, todo el romanticismo y superioridad de las problemáticas morales y, en consecuencia, precisamente la parte más atrayente, más solapada y más selecta de esos juegos de colores y de esas seducciones que nos estimulan a vivir, en cuya luminosidad final brilla hoy, o tal vez está cesando de brillar, el cielo de nuestra cultura europea, su cielo de crepúsculo. Nosotros los artistas, en medio de los espectadores y filósofos, sentimos hacia los judíos cierto sentimiento de gratitud.

251

Es necesario resignarse a que sobre el espíritu de un pueblo que sufre, que quiere sufrir la fiebre nerviosa nacional y la ambición política, pasen variadas nubes y perturbaciones o, dicho resumidamente, breves ataques de estupidizamiento. Por ejemplo, entre los alemanes actuales, algunas veces la estupidez antifrancesa, otras la antijudía, otras la antipolaca, otras la cristianoromántica, otras la wagneriana, otras la teutónica, otras la prusiana (observen a esos pobres historiadores, a esos Sybel y Treitzschke y sus cabezas severamente vendadas), y como quieran nombrar a todas esas pequeñas cegueras del espíritu y de la conciencia alemanes. Perdonadme el que yo tampoco, durante una corta y atrevida estancia en terrenos muy infectados, haya continuado completamente inmune a la enfermedad, y el que a mí, igual que a todo el mundo, hayan comenzado a surgirme pensamientos sobre asuntos que para nada me interesan: primer signo de la infección política. Por ejemplo, sobre los judíos, oídme. Aún no me he topado con ningún alemán que haya experimentado simpatía por los judíos, y por muy incondicional que sea la desaprobación del genuino antisemitismo por parte de todos los hombres prudentes y políticos, esa previsión y esa política tampoco se dirigen, no obstante, contra el género mismo del sentimiento, sino únicamente contra su peligrosa falta de moderación, en especial, contra la expresión vacía y deshonrosa de ese poco moderado sentimiento, sobre esto no es válido engañarse. Que Alemania posee judíos en abundancia suficiente, que el estómago alemán, la sangre alemana tienen dificultad aún (y continuaran teniendo dificultad durante mucho tiempo) solo para digerir y asimilar ese *quantum*[68] de "judíos" de igual forma que lo han digerido y asimilado el italiano, el francés, el inglés, gracias a una digestión más robusta. Eso es lo que señala y expresa con claridad un instinto general al que hay que prestar atención, de acuerdo con el que hay que actuar. "¡No dejar entrar nuevos judíos! ¡Y, antes que nada, cerrar las puertas por el Este (asimismo por el Imperio del Este)!", eso es lo que manda el instinto de un pueblo cuya naturaleza es aún débil e indeterminada, de forma tal, que con facilidad se la podría hacer esfumarse, con facilidad podría ser eliminada por una raza más fuerte. Pero los judíos son, sin duda alguna, la raza más fuerte, más obstinada y más pura que ahora vive en Eu-

---

68   Cantidad.

ropa; son astutos en triunfar incluso en las peores condiciones (hasta mejor que en condiciones favorables), gracias a ciertas virtudes que a la gente hoy le gusta señalar como vicios, gracias, sobre todo, a una fe decidida, la cual no tiene que avergonzarse delante de las "ideas modernas". Los judíos se transforman siempre, cuando se transforman, del mismo modo que el Imperio ruso hace sus conquistas, como un Imperio que posee tiempo y que no es de ayer, o sea, de acuerdo con la máxima "¡lo más despacio posible!". Un pensador que tenga sobre su conciencia el futuro de Europa contará, en todos los proyectos que bosqueje en su interior sobre ese futuro, con los judíos e igualmente con los rusos, juzgándolos como los factores por lo pronto más seguros y más factibles en el gran juego y en la gran pelea de las fuerzas. Lo que en Europa hoy se llama "nación", y que en verdad, es más una *res facta*[69] que *nata*[70] (a veces, incluso se parece, hasta confundirse con ella, a una *res ficta et picta*[71]), en cualquier caso es algo que está por suceder, una cosa joven, fácil de mover, no es aún una raza y mucho menos es algo *aere perennius*[72] igual que la raza judía. ¡Esas naciones pues, deberían imposibilitar con mucho cuidado cualquier concurrencia y cualquier hostilidad nacidas de un calentamiento de la cabeza! Que los judíos, si lo desearan o si se los obligase a ello, como parecen desear los antisemitas, podrían poseer ya, ahora, la superioridad e incluso, hablando de forma totalmente literal, el dominio de Europa, eso es algo seguro, y también lo es que no trabajan ni planean nada en ese sentido. Pues bien,

---

69 Cosa hecha.
70 Cosa nacida.
71 Cosa fingida y pintada.
72 Más perenne que el bronce.

lo que quieren y anhelan por el momento, incluso con alguna insistencia, es ser absorbidos y succionados en Europa por Europa, anhelan estar fijos, finalmente, en algún lugar, ser permitidos, respetados, y dar un objetivo a la vida nómada, al "judío eterno"; y se debería tomar muy en cuenta y satisfacer esa tendencia y ese impulso (los cuales, acaso muestren una atenuación de los instintos judíos), para lo que posiblemente fuera útil y pertinente desterrar a todos los gritones antisemitas del país. Se debería amparar a los judíos con toda cautela, haciendo una selección, más o menos, como lo hace la nobleza inglesa. Resulta evidente que quienes podrían mantener relaciones con ellos sin el más mínimo escrúpulo son los tipos más fuertes y más sólidamente troquelados de la nueva germanidad, por ejemplo el distinguido oficial de la Marca; sería de variado interés observar si no se podría hacer un injerto, un cruce entre el adquirido arte de mandar y obedecer, en una y otra cosa hoy resulta clásico el mencionado país y el genio del dinero y de la paciencia (y principalmente, algo de espíritu y de espiritualidad, que tanto escasean en el mencionado lugar).

No obstante, lo que aquí procede es detener mi jovial alemanería y mi serio discurso, pues ya estoy llegando a lo que para mí es grave, al "problema europeo" tal y como yo lo comprendo, a la elección de una nueva casta que rija a Europa.

252

Los ingleses no son una estirpe filosófica: Bacon significa un atentado contra el espíritu filosófico como tal, Hobbes, Hume y Locke, un envilecimiento y menoscabo del concepto "filosófico" durante más de un siglo. Contra Hume, se enalteció y alzó Kant; de Locke, le fue válido decir a Schelling: *je meprise Locke*[73]. En la batalla contra la cretinización anglomecanicista del mundo estuvieron de acuerdo Hegel y Schopenhauer (junto a Goethe), esos dos genios antagonistas, hermanos filosóficos, que tendían hacia los polos contrarios del espíritu alemán y, por cuya razón, se hacían injusticia como solo pueden hacerla cabalmente los hermanos. Qué es lo que no hay y qué es lo que no ha habido siempre en Inglaterra lo sabía muy bien aquel semicomediante y retor, aquella insustancial cabeza-revuelta que era Carlyle, quien trataba de esconder bajo muecas apasionadas lo que él sabía de sí mismo: es decir, qué era lo que no tenía Carlyle: legítima potencia en la espiritualidad, legítima profundidad en la mirada espiritual, en definitiva: filosofía. A esa no-filosófica raza la caracteriza el hecho de regirse rigurosamente por el cristianismo. Precisa la disciplina "moralizadora" y humanizadora del cristianismo. El inglés, que es más oscuro, más sensual, más regio de voluntad y más brutal que el alemán, precisamente por ello, por ser el más prosaico de los dos, es también más piadoso que el alemán: absolutamente, tiene más necesidad del cristianismo. Para olfatos más delicados ese cristianismo inglés desprende, incluso, un efluvio auténticamente inglés de *spleen*[74] y de libertinaje alcohólico, contra los cuales se lo utiliza por buenos motivos como medicina, es decir, se usa un veneno más delicado contra otro más ordinario: un envenenamiento más fino. De hecho, representa entre naciones torpes, un progreso, un avance hacia la espiritualización. La torpeza y la ordinaria seriedad de los ingleses

[73] Yo desprecio a Locke.
[74] Desgano.

hallan su disfraz más tolerable, o dicho con más precisión, su interpretación y reinterpretación más aguantables en la mímica cristiana, y en el orar y cantar salmos; y para esa manada de borrachos y disolutos que aprende a gruñir moralmente, en otro momento bajo la intimidación del metodismo, y de nuevo, en tiempos recientes, en forma de "Ejército de Salvación", un espasmo de penitencia puede ser en realidad la realización relativamente más elevada de "humanidad" a la que se lo puede encumbrar: reconocer esto es lícito y justo. Pero lo que resulta insultante hasta en el inglés más humano es su carencia de música, o, hablando metafóricamente (y sin metáfora), el inglés no posee ritmo ni baile en las agitaciones de su alma y de su cuerpo, y ni siquiera siente el deseo de ritmo y baile, de "música". Escúchelo hablar; observe caminar a las inglesas más hermosas, no existen en ningún país de la tierra palomas y cisnes más hermosos, en fin, ¡escúchelas cantar! Pero estoy pretendiendo demasiado...

253

Hay ciertas verdades que son las cabezas mediocres quienes las conocen mejor, ya que son las más acordes a ellas. Hay ciertas verdades que solo tienen atractivo y fuerza de seducción para los espíritus mediocres. A este planteamiento, posiblemente desagradable, nos vemos empujados justamente ahora, desde que el espíritu de unos ingleses apreciables pero mediocres —doy los nombres de Darwin, John Stuart Mill y Herbert Spencer—, empieza a tener preeminencia en la región media del gusto europeo. De hecho, ¿quién podría poner en duda el provecho de que temporalmente dominen esos espíritus? Sería una equivocación considerar que íntegramente los espíritus de alto linaje y vuelo separado son esencialmente hábiles para descubrir cantidad de pequeños hechos vulgares, para recopilarlos y reducirlos a fórmulas, pues bien, como son excepciones, ya de antemano adolecen de una actitud favorable para con las "reglas". Como último recurso, tienen algo más que hacer que únicamente conocer, a saber, ¡ser algo nuevo, simbolizar algo nuevo, personificar valores nuevos! El abismo entre poseer conocimientos y poseer capacidad de hacer, tal vez sea más grande, también más alarmante de lo que se piensa; el hombre capaz de hacer algo con gran estilo, el creador, probablemente, tendrá que ser un ignorante, mientras que por otra parte, para hacer descubrimientos científicos del tipo de los de Darwin, indudablemente, no forman una mala disposición una cierta escasez, una cierta ambición y una cierta y ágil solicitud, en definitiva, un carácter inglés. No se olvide, finalmente, que los ingleses han provocado ya una vez, con su escaso nivel medio, una depresión global del espíritu europeo; lo que se denomina "las ideas modernas" o "las ideas del siglo dieciocho" o también "las ideas francesas", o sea, aquello contra lo que el espíritu alemán se alzó con profunda náusea, eso era de origen inglés, eso no se pone en duda. Los franceses fueron tan solo los simios y comediantes de esas ideas, además de sus mejores soldados. Igualmente, por desgracia, sus principales y más completas víctimas, pues por motivo de la condenada anglomanía de las "ideas modernas" el *âme française*[75] ha terminado haciéndose tan flaca y mortecina que hoy recordamos, casi sin creerlo, sus siglos XVI y XVII, su penetrante y apasionada

---

75   Alma francesa.

fuerza, su creativa aristocracia. Pero es preciso sostener con los dientes esta noción de equidad histórica y protegerla contra el instante y la apariencia visible, la *noblesse*[76] europea del sentimiento, del gusto, del hábito, en fin, entendida esa palabra en todo sentido elevado. Es tarea e invención de Francia la vulgaridad europea, el plebeyismo de las ideas modernas, de Inglaterra.

254

Ahora, Francia también sigue siendo la sede de la cultura más espiritual y exquisita de Europa y la alta escuela del gusto, pero hay que saber hallar esa "Francia del gusto". Quien integra parte de ella se mantiene bien escondido, sin duda forman un pequeño número los hombres en quienes se encarna y existe esa Francia, y son, igualmente, hombres que no están firmes sobre piernas muy robustas, hombres en parte fatalistas, de ceño apagado, enfermos, y en parte debilitados y artificiosos, que tienen el anhelo de esconderse. Algo es común a todos ellos: taponan sus oídos a la furiosa estupidez y a la estrepitosa locuacidad del *bourgeois*[77] democrático. De hecho, lo que hoy se estremece en el primer plano es una Francia que se ha tornado estúpida y grosera, recientemente ha celebrado, en el sepelio de Victor Hugo, una auténtica orgía de falta de gusto y, al mismo tiempo, de admiración de sí misma. También algo más les es común a esos hombres, la buena voluntad de enfrentarse a la germanización espiritual ¡y la incapacidad, aún mejor, de lograrlo! En esta Francia del espíritu, que es además una Francia del pesimismo, posiblemente en este

76   Nobleza.
77   Burgués.

momento Schopenhauer haya llegado a sentirse más en su casa, en su patria, que lo que sintió nunca en Alemania; para no mencionar a Heinrich Heine, quien hace ya mucho tiempo ha pasado a ser parte de la carne y la sangre de los más delicados y exigentes líricos de París; o de Hegel, que hoy, en la figura de Taine, es decir, del primer historiador vivo, ejerce una influencia casi tiránica. En aquello que se refiere a Richard Wagner, mientras más aprenda la música francesa a estructurarse de acuerdo con las genuinas necesidades del *âme moderne*[78], tanto más "wagnerizará", eso es muy válido anticiparlo, ¡ya está haciéndolo bastante, ahora! No obstante, son tres las cosas que los franceses hoy pueden señalar con orgullo como herencia y patrimonio suyos y como señal indeleble de una vieja superioridad de cultura sobre Europa, a pesar de toda la deliberada o indeliberada germanización y aplebeyamiento del gusto. En primer lugar, la capacidad de apreciar pasiones artísticas, de abandonarse a la "forma", capacidad para designar, la cual se inventó, junto a otras mil, la frase *l'art pour l'art*, esto es algo que nunca ha faltado en Francia desde hace tres siglos y que ha permitido una y otra vez, gracias al respeto, al "pequeño número", un tipo de música de cámara de la literatura, que vanamente se busca en el resto de Europa. Lo segundo, sobre lo que los franceses pueden instaurar una superioridad sobre Europa es su vieja y compleja cultura moralista, la cual logra, hablando de forma general, que se encuentren, hasta en pequeños *romanciers*[79] de periódicos y en ocasionales *boulevardiers*[80] de París, una excitabilidad y una búsqueda psicológicas de la que en Alemania, por

---

78 Alma moderna.
79 Novelistas.
80 Escritores de boulevard.

ejemplo, no se tiene la menor idea (¡y menos aún la cosa!). A los alemanes, les falta para ello un par de siglos de carácter moralista, que, como hemos mencionado, Francia no los ha ahorrado. Quien por esa razón llame "ingenuos" a los alemanes cambia un defecto suyo por una alabanza. Como oposición de la inexperiencia y la inocencia alemanas *in voluptate psychologica*[81], las cuales están vinculadas, y no de lejos, con el tedio de la vida social alemana, y como logradísima muestra de una curiosidad y un talento ingenioso, genuinamente franceses, para este reino de delicados temblores. Podemos considerar a Henri Beyle, ese importante hombre anticipador y precursor, que, con un *tempo* napoleónico, atravesó su Europa a la carrera, muchos siglos de alma europea, como un observador y conquistador de esa alma. Dos generaciones han sido necesarias para darle alcance en cierta forma, para adivinar tardíamente ciertos enigmas que lo abrumaban y cautivaban a él, a ese magnífico epicúreo y hombre-interrogación, que fue el último gran psicólogo de Francia. Todavía hay un tercer título de superioridad. En la condición de los franceses ocurre una síntesis, lograda a medias, entre el norte y el sur, la que les permite entender muchas cosas y les dictamina hacer otras que un inglés no entenderá jamás; su temperamento, que regularmente se vuelve hacia el sur y se aparta de él, en el que la sangre provenzal y ligur destila de vez en cuando, los protege del horrible claroscuro del norte, de los fantasmas conceptuales y de la anemia causada por la falta de sol, nuestra enfermedad alemana del gusto, contra cuya profusión se ha prescrito por el momento, con gran empeño, sangre y hierro, es decir: la "gran política" (de acuerdo con

---

81   En la voluptuosidad psicológica.

una peligrosa terapéutica, que a mí me enseña a esperar y a esperar, pero, hasta ahora, aún no a tener esperanzas). Así mismo ahora, sigue habiendo en Francia un entender anticipado y un avanzar hacia esos hombres más raros, y raras veces contentos, que son demasiado abarcadores como para hallar su complacencia en cualquier patriotería y que saben amar en el norte el sur, en el sur el norte, hacia los mediterráneos originarios, hacia los "buenos europeos". Para ellos, Bizet ha escrito su música, ese último genio que ha observado una belleza y una seducción nuevas, que ha descubierto un segmento de sur en la música.

255

Pienso que se imponen algunas reservas frente a la música alemana. Presumiendo que alguien ame el sur igual que lo amo yo, como una inmensa escuela de curación de las cosas más espirituales, y en las más sensuales, como una totalidad solar y una transfiguración solar irrefrenables, florecientes sobre una existencia que es dueña de sí misma, que cree en sí misma. Bien, él aprenderá a colocarse un poco en guardia delante de la música alemana, pues esta, en la medida en que echa a perder nuevamente su gusto, también echa a perder nuevamente su salud. Ese hombre meridional, meridional no por linaje sino por fe, también tiene que soñar, en el caso de que sueñe con el futuro de la música, con que la música se libere del norte, y tiene que percibir en sus oídos el preludio de una música más profunda, más poderosa, a lo mejor más ruin y misteriosa, de una música sobrealemana que no se esfume, que no se torne amarillenta y pálida frente al espectáculo del mar azul y voluptuoso y de la luminosidad mediterránea del cielo como le sucede a toda la música alemana, percibir en sus oídos el preludio de una música sobreeuropea que se consolide incluso frente a las grises puestas de sol del desierto, cuya alma esté conectada con la palmera y sepa deambular y sentirse como en su casa en medio de los inmensos, hermosos, ermitaños animales de presa... Yo podría imaginar una música cuyo encanto más extraño sería que yo no supiera nada del bien y del mal, y sobre la cual posiblemente, solo aquí y allá se deslizara alguna nostalgia de navegante, algunas sombras brillantes y algunas blandas debilidades, un arte que, desde una inmensa lejanía, se viera cómo corren a cobijarse en él los colores de un mundo moral que está enterrándose en su ocaso y que se ha tornado casi incomprensible, y que fuera lo bastante generoso y profundo como para acoger a esos fugitivos rezagados.

256

Gracias al morboso ostracismo que la demencia de las nacionalidades ha introducido y sigue introduciendo entre los pueblos de Europa, gracias, igualmente, a los políticos de mirada corta y de mano rápida que hoy están en alto con la ayuda de esa demencia y que no divisan, en absoluto, hasta qué punto la política disgregacionista que ejercen no puede ser necesariamente nada más que una política de entreacto, gracias a todo eso y a otra infinidad de cosas, completamente inexpresables hoy, ahora son ignorados o reinterpretados de modo arbitrario y cínico los indicios más inequívocos en los que se enuncia que Europa quiere llegar a ser una. En aquellos hombres más profundos y más amplios de este siglo su auténtica orientación global en el recóndito trabajo de su alma tendía a ordenar el camino para esta nueva síntesis y a anticipar a manera de ensayo el europeo del futuro. Solo en sus matices superficiales o en sus horas de debilidad, por ejemplo, en la vejez, pertenecían a las "patrias", no hacían más que reposar de sí mismos cuando se convertían en "patriotas". Pienso en hombres como Napoleón, Goethe, Beethoven, Stendhal, Heinrich Heine, Schopenhauer, no se me juzgue mal el que también considere entre ellos a Richard Wagner, respecto a quien no es válido dejarse seducir por sus propios malentendidos, los genios de su tipo raras veces tienen el derecho a comprenderse a sí mismos. Por supuesto, menos aún por el incivilizado ruido con que la gente en Francia ahora se enfrenta y se defiende contra Richard Wagner: continúa siendo un hecho, a pesar de todo, que el tardío romanticismo francés de los años cuarenta y Richard Wagner se hallan vinculado de forma muy estrecha e íntima. Se encuentran emparentados, radicalmente emparentados, en todas las elevaciones y profundidades de sus necesidades. Es Europa, la única Europa, cuya alma, mediante su arte multiforme y tumultuoso, anhela ir más allá, más alto, y tiende ¿hacia dónde?, ¿hacia una nueva luz?, ¿hacia un nuevo sol? Pero, ¿quién diría exactamente lo que todos esos maestros de medios lingüísticos inéditos no supieron decir claramente? Lo que sí es cierto, es que a ellos los abrumaba un mismo *Sturm und Drang*[82], que todos buscaban de la misma manera, ¡esos últimos grandes buscadores! Todos ellos subyugados por la literatura hasta en sus ojos y sus oídos, los primeros artistas dotados de una sabiduría literaria mun-

---

82   Borrasca e impulso.

dial, la mayor parte de las veces, incluso, también escritores, poetas, intermediarios y amalgamadores de las artes y de los sentidos (Wagner, como músico, es un pintor, como poeta, un músico, como artista sin más, es un comediante), todos ellos entusiastas de la expresión "a cualquier precio", destaco a Delacroix, el más semejante de todos a Wagner, todos ellos grandes descubridores en el reino de lo extraordinario, también de lo feo y de lo horrible, y descubridores aún más grandes en el causar efecto, en la puesta en escena, en el arte de las exhibiciones, todas ellas capacidades que superaban en mucho a su genio, virtuosos de pies a cabeza, dotados de turbadores accesos a todo aquello que seduce, atrae, obliga, subyuga, enemigos naturales de la lógica y de las líneas rectas, sedientos de lo extraño, exótico, monstruoso, curvo, de lo que se contradice a sí mismo. Como hombres, Tántalos de la voluntad, plebeyos que alcanzaron la cumbre, que se sabían ineptos en la vida y en la creación, de un *tempo* aristocrático, de un lento, Piensen, por ejemplo, en Balzac. Trabajadores desenfrenados, casi devastadores de sí mismos a través del trabajo; antinormistas y rebeldes en las costumbres, ávidos e insaciables, faltos de equilibrio y de goce. Todos ellos, en fin, venerados y arrodillados frente a la cruz cristiana (y esto, con toda justificación, pues, ¿quién de ellos habría sido lo bastante profundo y natural para una filosofía del Anticristo?), en conjunto, una especie arriesgadamente audaz, soberbiamente violenta de hombres superiores, que volaba alto y arrastraba hacia la altura, especie que tuvo que empezar por enseñar a su siglo ¡y es el siglo de la masa! La noción de "hombre superior"... Que los amigos alemanes de Richard Wagner resuelvan por sí mismos si en el arte wagneriano existe algo alemán de verdad, o si no sucede que lo que definitivamente distingue a ese arte es el proceder de fuentes e impulsos supraalemanes. Y en esto, no se subestime el hecho de que, para que se crease del todo el tipo de Wagner, precisamente resultó indispensable París, hacia el cual le ordenó aspirar en la época más determinante la profundidad de sus instintos, y que toda su manera de mostrarse, de hacer apostolado de sí mismo, solo pudo lograr su perfección a la vista del modelo de los socialistas franceses. Posiblemente se encontrará, en una comparación más ligera, para honor de la naturaleza alemana de Richard Wagner, que este fue íntegramente más fuerte, más atrevido, más duro, superior a cuanto podría ser un francés del siglo XIX, gracias al hecho de que nosotros los alemanes nos encontramos más cercanos a la barbarie que los franceses. Incluso, es posible que resulte inaccesible, improbable, inimitable siempre, y no solo en este momento, a la raza latina entera tan tardía, lo más importante que ha creado Richard Wagner: la figura de Sigfrido, ese hombre tan libre, quien de hecho es demasiado libre, demasiado rudo, demasiado optimista, demasiado sano, demasiado anticatólico para el agrado de viejos y deslucidos pueblos civilizados. Tal vez, ese Sigfrido antilatino haya sido hasta un pecado en contra del romanticismo. Pues bien, Wagner ha purgado ese pecado en demasía, en los confusos días de su ancianidad, cuando —prediciendo un gusto que mientras tanto se ha convertido en política— empezó, si no a transitar, sí al menos a predicar, con el arrebato religioso que le era tan propio, el camino hacia Roma. Con la intención de que no se me malinterprete por estas últimas palabras, voy a recurrir a la ayuda de algunos vigorosos versos que mostrarán, también a oídos menos delicados, qué es lo que yo deseo, lo que yo pretendo contra el "último Wagner" y la música de su Parsifal:

¿Es esto todavía alemán?

¿Ha salido de un corazón alemán este asfixiante vocear?

¿Y es propio de un cuerpo alemán este desencarnarse a sí mismo?

¿Es alemán este eclesiástico abrir las manos?

¿Esta exaltación de los sentidos olorosa a incienso?

¿Y es alemán este tropezar, caer, bambolearse, este dudoso bambolearse?

¿Esas miradas de monja, ese tintineo de campanas del ave, todo ese falsamente extasiado observar al cielo y al supercielo?

¿Es esto todavía alemán?

¡Recapacitad! Todavía están en la puerta:

Pues lo que oís es Roma, ¡la fe de Roma sin palabras!

Novena parte

¿Qué es aristocrático?

257

Toda exaltación del tipo "hombre" ha sido hasta el momento obra de una sociedad aristocrática y así seguirá siendo siempre. Esa es una sociedad que cree en una extensa escala de jerarquía y de discrepancias de valor entre un hombre y otro hombre y que, en cierta forma, necesita de la esclavitud. Sin ese *pathos* de la distancia que emerge de la tradicional diferencia entre los estamentos, de la eterna mirada a lo lejos y hacia abajo que brinda la clase dominante sobre los súbditos e instrumentos, y de su adiestramiento igualmente permanente, en el someterse y el mandar, en el conservar a los otros subyugados y distanciados, tampoco podría surgir, de ningún modo, aquel otro *pathos* misterioso, aquel anhelo de ampliar permanentemente la distancia dentro del alma misma, la construcción de estados siempre más elevados, más extraños, más distantes, más amplios, más abarcadores, en una palabra, precisamente, la exaltación del tipo "hombre", la perpetua "autosuperación del hombre", para utilizar en sentido sobremoral, una fórmula moral. En efecto, no es lícito entregarse a mentiras humanitarias en lo relativo a la historia del origen de una sociedad aristocrática (es decir, de la suposición de aquella elevación del tipo "hombre"). La verdad es dura. ¡Vamos a expresar sin miramientos de qué forma ha comenzado hasta el presente toda cultura superior en la tierra! Hombres provistos de una naturaleza aún natural, bárbaros en cualquiera de los terribles sentidos de esta palabra, hombres de presa aún poseedores de fuerza de voluntad y de hambre de poder intactos, se arrojaron sobre razas más débiles, más civilizadas, más pacíficas, posiblemente dedicadas al comercio o al pastoreo, o sobre antiguas culturas marchitas, en las que se extinguía definitivamente la última fuerza vital en resplandecientes fuegos artificiales de espíritu y de corrupción. La clase aristocrática ha sido siempre al comienzo la clase de los bárbaros. Su superioridad no residía antes que nada en la fuerza física, sino en la fuerza psíquica; eran hombres más cabales (lo que también significa, en todos los niveles, "bestias más cabales").

258

La corrupción, como muestra del hecho de que dentro de las inclinaciones amenaza la anarquía y de que está resquebrajando el cimiento de los afectos, el cual se llama "vida"; la corrupción es un asunto radicalmente distinto de acuerdo con la realidad vital en que se exponga. Por ejemplo, cuando una aristocracia, como la de Francia al inicio de la Revolución, expulsa lejos de sí sus privilegios con una náusea gloriosa y se sacrifica a sí misma a un libertinaje de su sentimiento moral, eso es corrupción. Justamente, fue solamente el acto terminante de una corrupción que duraba siglos, en virtud de la que aquella aristocracia había dejado, paso a paso, sus privilegios señoriales y se había reducido hasta transformarse en una función de la realeza (finalmente, hasta en un adorno y traje de gala de esta). Lo fundamental en una buena y sana aristocracia es, no obstante, que no se perciba a sí misma como función (sea de la realeza, sea de la comunidad), sino como sentido y como máxima justificación de estas, que acepte, por lo tanto, con justa conciencia el sacrificio de un sinfín de hombres, los cuales, por causa de ella, tienen que ser rebajados y disminuidos hasta transformarse en hombres incompletos, en esclavos, en instrumentos. Su creencia esencial tiene que ser definitivamente la de que a la sociedad no le es válido existir para ella misma, sino únicamente como infraestructura y andamiaje, para que una especie selecta de seres, apoyándose sobre ellos, sea capaz de elevarse hacia su tarea superior y, en general, hacia un ser superior: igual que esas plantas trepadoras de Java, sedientas de sol, llamadas sipó matador, las cuales se abrazan con sus ramas a una encina todo el tiempo necesario y todas las veces que sea necesario, hasta que finalmente, muy sobre ella, pero apoyadas en ella, pueden abrir su corona a plena luz y mostrar su felicidad.

259

Abstenerse recíprocamente de la ofensa, de la violencia, de la explotación; igualar la voluntad de uno a la voluntad del otro; en un cierto sentido incorrecto, esto puede llegar a ser un buen hábito entre los individuos cuando están dadas las circunstancias para ello (a saber, la efectiva similitud entre sus cantidades de fuerza y entre sus juicios de valor, y su uniformidad dentro de un solo cuerpo). Pero tan pronto como se quisiera ampliar ese principio y hasta considerarlo en lo posible como base fundamental de la sociedad, tal principio de inmediato se mostraría como lo que es: como energía de negación de la vida, como principio de disolución y de retroceso. Aquí se hace necesario pensar a fondo y de modo radical y protegerse contra toda debilidad sentimental: la vida misma es fundamentalmente apropiación, injuria, sometimiento de lo que es inusual y más débil, opresión, rudeza, imposición de formas propias, adhesión y por lo menos, en el caso más leve, explotación, ¿pero para qué usar siempre justamente esas palabras, a las cuales se les ha dado desde antiguo una intención calumniosa? También ese cuerpo dentro del que, como hemos pretendido antes, se tratan los individuos como iguales —esto ocurre en toda aristocracia sana— debe ejecutar, al enfrentarse a otros cuerpos, todo eso de lo que se inhiben entre sí los individuos que se encuentran dentro de él, en el caso de que sea un cuerpo vivo y no un cuerpo moribundo, tendrá que ser la personificada voluntad de poder, querrá prosperar, extenderse, atraer hacia sí, lograr preponderancia; no surgiendo de una moralidad o inmoralidad cualquiera, sino porque está vivo, y porque la vida es definitivamente voluntad de poder. En ningún otro espacio, sin embargo, ofrece más resistencia que aquí, a ser enseñada la consciencia común de los europeos: hoy se especula en todas partes, incluso bajo disfraces científicos, con estados futuros de la sociedad en los cuales dejará de existir "el carácter explotador". A mis oídos esto se oye como si alguien prometiera inventar una vida que se inhibiera de todas las funciones orgánicas. La "explotación" no solo es parte de una sociedad corrompida o imperfecta y primitiva, es parte de la esencia de lo vivo, como función orgánica esencial, es una consecuencia de la genuina voluntad de poder, la cual es absolutamente la voluntad propia de la vida. Presumiendo que esto sea una novedad como teoría, como realidad es el hecho fundamental de toda historia: ¡vamos a ser, pues, honestos con nosotros mismos hasta este punto!

260

En mi cruzada a través de las numerosas morales, más sutiles y más groseras, que han dominado o siguen dominando en la tierra hasta ahora, he hallado ciertos rasgos que se repiten juntos y que están vinculados con regularidad: hasta que finalmente se me han mostrado dos tipos básicos y se ha manifestado de relieve una diferencia fundamental. Existe una moral de señores y existe una moral de esclavos; me urge añadir que en todas las culturas más altas y más mezcladas también aparecen tentativas de mediación entre ambas morales, y que, con mayor frecuencia, aún aparecen la confusión de ambas morales y su mutuo malentendido, y a veces hasta una tosca yuxtaposición entre ellas incluso en la misma persona, dentro de una sola alma. Las diferenciaciones morales de los valores han nacido, o bien entre una especie dominante, la cual logró consciencia, con un sentimiento de bienestar, de su oposición frente a la especie dominada o bien entre los dominados, los esclavos y los subordinados de cualquier grado. En el primer caso, cuando los dominadores son quienes definen la noción de "bueno", son las condiciones psíquicas elevadas y orgullosas las que son sentidas como eso que diferencia y establece la jerarquía. El hombre aristocrático aleja de sí a aquellos seres en los que se muestra lo contrario de tales estados elevados y orgullosos, rechaza a esos seres. Nótese de inmediato que en esta primera especie de moral la antítesis "bueno" y "malo" es equivalente de "aristocrático" y "despreciable". La antítesis "bueno" y "malvado" es de otra naturaleza. Es rechazado el cobarde, el temeroso, el miserable, el que piensa en la estrecha utilidad, además, el receloso de mirada servil, quien se rebaja a sí mismo, la especie perruna de hombre que se deja maltratar, el adulador que pordiosea, antes que todo el falso, creencia básica de todos los aristócratas es que el pueblo llano es mentiroso. "Nosotros los veraces" este es el nombre con el que se llamaban a sí mismos los nobles en la antigua Grecia. Es indudable que las calificaciones morales de los valores fueron aplicadas en todas partes, primero a seres humanos, y solo de forma derivada y con demora a las acciones, por lo que constituye un brutal desacierto el que los historiadores de la moral comiencen con preguntas como: "¿por qué ha sido elogiada la acción compasiva?". La especie aristocrática de hombre se aprecia a sí misma como establecedora de los valores, no necesita dejarse autorizar, su pensamiento es: "lo que me es nocivo para mí, es nocivo en sí mismo", sabe que ella es la que le da absoluta dignidad a las cosas, ella es creadora de valores. Todo lo que sabe que hay en ella misma lo honra: dicha moral es autoglorificación. En primer plano, se hallan el sentimiento de la plenitud, del poder que desea desbordarse, el bienestar de la tensión elevada, la consciencia de una riqueza que quisiera obsequiar y repartir. El hombre aristocrático también ayuda al desgraciado, pero no, o casi no, por piedad, sino más bien por un empujón generado por el exceso de poder. El hombre aristocrático, en sí mismo, respeta al poderoso, y también al poderoso que posee poder sobre él, que es astuto en hablar y en callar, que se permite ser riguroso y duro consigo mismo y siente adoración por todo lo riguroso y duro. "Wotan me ha colocado un corazón duro en el pecho", se lee en una vieja saga escandinava; esa es la poesía que surgía, con todo derecho, del alma de un vikingo orgulloso. Esa clase de hombre se siente completamente orgullosa de no estar formada para la compasión, por ello el héroe de la saga agrega, con tono de reproche, "quien de joven no tiene un corazón duro, no lo tendrá jamás". Los aristócratas y valientes que piensan de esta forma están lo más lejos que cabe imaginar de esa moral que ve el asomo de lo moral absolutamente en la compasión, o en el obrar por los demás, o en el *désintéressement;* la fe en sí mismo, el orgullo de sí mismo, una hostilidad radical y una ironía de cara al "desinterés" son parte de la moral aristocrática, precisamente, de la misma forma que un leve menosprecio y reserva frente a los sentimientos de simpatía y el "corazón cálido". Los poderosos son los que saben de honrar, esto conforma su arte peculiar, su reino de la invención. El intenso respeto por la vejez y por la tradición, el derecho entero descansa en ese doble respeto, la fe y la opinión favorable para con los antepasados y desfavorable para con los venideros son propios en la moral de los poderosos; y cuando, por el contrario, los hombres de las "ideas modernas" creen de manera casi instintiva en el "progreso" y en "el futuro" y demuestran cada vez menos respeto a la vejez, esto ya revela suficientemente el origen no aristocrática de esas "ideas". Pero lo que más hace que al gusto presente le resulte rara y penosa una moral de dominadores es la propuesta básica de esta de que solo se tienen obligaciones frente a los iguales; de que, frente a los individuos de rango inferior, frente a todo lo nuevo, es válido actuar como mejor parezca o "como desee el corazón", y, en cualquier caso, "más allá del bien y del mal". Tal vez aquí tengan un espacio la compasión y otros asuntos del mismo género. La capacidad y el deber de experimentar un agradecimiento prolongado y una venganza prolongada, las dos cosas, solo entre pares, la sutileza en el desquite, el refinamiento conceptual en la amistad, una indudable necesidad de tener enemigos (como canales de drenaje, para decirlo de algún modo, para los afectos llamados envidia, agresividad, altivez, en el fondo, para continuar siendo buen amigo), todos esos son características típicas de la moral aristocrática, la que, como ya hemos señalado, no es la moral de las "ideas modernas", por lo que, actualmente, resulta complicado sentirla y, también, desenterrarla y descubrirla. Los hechos ocurren de modo diferente en el segundo tipo de moral, la moral de esclavos. Presumiendo que los atropellados, los dominados, los dolientes, los indignos, los inseguros y agotados de sí mismos moralicen: ¿cuál sería el signo común de sus valoraciones morales? Probablemente, se mencionará aquí una pesimista desconfianza frente a la completa situación del hombre, tal vez, una condena del hombre, igual que de la situación en la que se encuentra. La mirada del esclavo no observa con buenos ojos las virtudes del poderoso, esa mirada está llena de escepticismo y desconfianza, es delicada en su desconfianza frente a todo lo "bueno" que allí es honesto, le gustaría convencerse de que la felicidad misma no es legítima allí. Al contrario, los atributos que sirven para aligerar la existencia de quienes padecen son puestas de relieve y bañadas de luz: son la compasión, la mano afectuosa y socorredora, el corazón cálido, la paciencia, la prontitud, la humildad, la gentileza lo que aquí se honra, pues estos atributos son aquí los más útiles y casi los únicos medios para tolerar la presión de la existencia. La moral de esclavos es, en lo básico, una moral del provecho. Aquí radica el hogar donde tuvo su origen aquella famosa antítesis "bueno" y "malvado". Se piensa que el poder y la peligrosidad forman parte del mal, así como una cierta terribilidad y una sutileza y fortaleza que no dejan que aparezca el desprecio. Entonces, según la moral de esclavos, el "malvado" inspira miedo; según la moral de señores, es definitivamente el "bueno" quien inspira y desea inspirar temor, mientras que el hombre "malo" es señalado como despreciable. La antítesis llega a lo máximo cuando, de acuerdo con el resultado propio de la moral de esclavos, un aire de menosprecio termina por adherirse también al "bueno" de esa moral, menosprecio que puede ser leve y benévolo, porque, en el interior de la manera de pensar de los esclavos, el bueno tiene que ser en cualquier caso el hombre no peligroso. El bueno es ingenuo, fácil de engañar, tal vez un poco estúpido, un *bonhomme*. En cualquier lugar en que la moral de esclavos logra la preponderancia, el idioma indica una tendencia a acercar entre sí las palabras "bueno" y "estúpido". Una última diferencia sustancial: el deseo de libertad, la inclinación a la felicidad y a las delicadezas del sentimiento de libertad son parte de la moral y de la moralidad de esclavos con la misma miseria con que el arte y el frenesí en la veneración, en la entrega, son el síntoma normal de una forma aristocrática de recapacitar y apreciar. Esto ya nos hace comprender por qué el amor como pasión es nuestra particularidad europea, simplemente, tiene que tener un origen aristocrático; como es sabido, su creación es obra de los poetas-caballeros provenzales, de aquellos estupendos e ingeniosos hombres del "Gai saber[83]", a quienes Europa les debe tantas cosas y casi su propia existencia.

261

Entre las cosas que posiblemente le resulten más difíciles de entender a un hombre aristocrático está la vanidad. Él se sentirá inducido a negarla incluso allí donde otra clase de hombre cree atraparla con ambas manos. El inconveniente para el hombre aristocrático gravita en representarse unos seres que tratan de despertar sobre sí mismos una buena opinión que ellos mismos no poseen sobre sí y, por lo tanto, tampoco la "merecen", y que creen, no obstante, en esa buena opinión. Esto, por una parte, le parece al hombre aristocrático algo de muy mal gusto y falto de respeto para consigo mismo, y por la otra, algo tan barrocamente ilógico que le gustaría imaginar la vanidad como una irregularidad, así, en la mayoría de los casos en que se la menciona, la pone en duda. Dirá, por ejemplo: "Yo puedo confundirme acerca de mi valor y, por otra parte, también exigir, no obstante, que mi valor sea reconocido por otros estrictamente tal como yo lo determino, eso no es vanidad, sino engreimiento o, en los casos más habituales, es eso que se llama 'humildad' o, también, modestia". Asimismo, "Yo puedo alegrarme, por infinitas razones, de la buena opinión de los otros sobre mí, tal vez porque los alabo y los amo y me alegro por cada una de sus alegrías, tal vez, también, porque su buena opinión ratifica y fortalece en mí la fe en mi propia buena opinión, posiblemente,

---

83   Arte de componer poesía amorosa, especialmente en Francia, durante los siglos XIII y XIV.

porque la buena opinión de los demás, hasta en los casos en que yo no la comparta, me es ventajosa o promete serlo, pero nada de esto es vanidad". De manera obligada, en especial con apoyo de la ciencia histórica, es como el hombre aristocrático tiene que hacerse la idea de que, desde tiempos antiguos, en todas las capas populares dependientes de alguna forma, el hombre vulgar era únicamente aquello que valía, sin estar habituado, de modo alguno, a establecer valores por él mismo, el hombre vulgar ni siquiera se daba a sí mismo un valor diferente del que sus señores le daban (el verdadero derecho señorial es el de crear valores). Sin duda, habrá que recapacitar como consecuencia de un atavismo inmenso el hecho de que, aún en este momento, el hombre ordinario siga esperando siempre una opinión acerca de sí, y luego se someta por instinto a ella: pero no únicamente, de forma alguna, a una "buena" opinión, sino también a una opinión negativa e injusta (por ejemplo, piensen en la mayoría de las autoapreciaciones y autodepreciaciones que las mujeres creyentes asimilan de sus confesores y, que en general, el cristiano creyente aprende de su iglesia). De hecho, en estos momentos, gracias a la lenta aparición en el horizonte de la disposición democrática de las cosas (y de su fuente, la mezcla de sangre entre señores y esclavos), el empujón originariamente aristocrático, e inusual, de atribuirse un valor a sí mismo desde sí mismo, y a "pensar bien" de sí se verá animado y se ampliará cada vez más, pero ese impulso, todo el tiempo tiene contra sí una tendencia más anticuada, más extensa, arraigada más básicamente y en el hecho de la "vanidad". Esa tendencia más anticuada prevalece sobre la más reciente. El vanidoso se contenta de toda buena opinión que escucha acerca de sí mismo (completamente al margen de cualquier punto de vista de la utilidad de esa opinión, y desechando asimismo que sea verdadera o falsa), de la misma forma que sufre por cualquier opinión mala, pues se somete a una y otra, se siente sometido a ellas, gracias a aquel viejísimo instinto de sumisión que en él se abre camino. El "esclavo" que existe en la sangre del vanidoso, resto de la picardía del esclavo —¡y cuánto "esclavo" permanece todavía hoy, por ejemplo, en la mujer!—, ese es el que trata de llevarnos engañosamente a tener buenas opiniones sobre él, es igualmente el esclavo quien luego se levanta enseguida frente a esas opiniones, como si no las hubiera provocado. Y, dicho de nuevo: la vanidad es un atavismo.

262

Una especie emerge, un tipo se fija y se hace fuerte en una larga batalla con condiciones poco favorables. Esencialmente idénticas, al contrario, sabemos por las experiencias de los ganaderos que aquellas especies a las que se les ofrece una alimentación sobreabundante y, en general, un exceso de protección y de cuidado enseguida tienen propensión de manera muy fuerte a la variación del tipo, y son abundantes en maravillas y monstruosidades (así mismo en vicios monstruosos). Reflexiónese ahora sobre una comunidad aristocrática, una vieja polis griega o en Venecia, por ejemplo, como una institución, sea voluntaria, sea involuntaria, designada a la selección. Allí hay hombres que residen juntos y que dependen de sí mismos quienes quieren imponer su especie, la mayoría de las veces porque tienen que hacerlo o de lo contrario corren un riesgo espantoso de ser exterminados. Aquí faltan aquellos cuidados, aquella sobreabundancia, aquel cuidado bajo el cuales se halla favorecida la variación; la especie tiene necesidad de sí misma como especie, como una cosa que, justamente, en virtud de su rigidez, de su uniformidad, de su sencillez de forma, en absoluto puede imponerse y hacerse perpetua, en la incesante lucha con los vecinos o con los oprimidos ya rebelados o que apuestan a rebelarse. La experiencia más diversa le muestra a esa especie cuáles son las propiedades frente a las que, ante todo, ella debe el seguir existiendo, el seguir triunfando, a pesar de todos los dioses y hombres. A esas propiedades las llama virtudes, y esas son solo las virtudes que ella siembra. Hace esto con aspereza, incluso quiere la aspereza. Toda moral aristocrática es intransigente, lo es en la formación de la juventud, en la legislación sobre las mujeres, en los hábitos matrimoniales, en la relación entre ancianos y jóvenes, en las leyes penales (las cuales únicamente toman en cuenta a quienes degeneran). Sitúa la intolerancia misma entre las virtudes, bajo el nombre de "justicia". Un tipo poseedor de unos rasgos escasos, pero muy fuertes, una clase de hombre inclemente, belicoso, inteligentemente callados, cerrados y reservados (y, como tales, dotados de un delicadísimo sentimiento para reconocer los encantos y *nuances* de la sociedad), queda así unida por encima del cambio generacional, la permanente lucha con condiciones desfavorables siempre iguales, tal como hemos mencionado, es la razón de que un tipo se fije y se endurezca. Pero, al final, surge alguna vez una realidad afortunada, la gran tensión se relaja, tal vez no haya más enemigos entre los vecinos y los recursos para vivir, hasta para disfrutar de la vida, se den con sobreabundancia. De un golpe se desgarran el lazo y la coacción de la vieja disciplina, ya no se la percibe como necesaria, como condicionante de la vida si quisiera seguir subsistiendo, únicamente podría hacerlo como una manera de lujo, como un placer arcaizante. La variación, así como desviación de la especie (hacia algo más elevado, más fino, más extraño), así como degeneración y monstruosidad, sale a escena de inmediato con su integridad y su suntuosidad máximas, el individuo intenta ser único y separarse del resto. En estos virajes de la historia, se muestran juntos y con frecuencia enmarañados y entremezclados un fabuloso, multiforme, silvestre crecer y tender hacia lo alto, una especie de *tempo* tropical en la imitación del crecimiento, y, por otra parte, un inmenso fallecer y arruinarse, gracias a los egoísmos que se oponen brutalmente entre sí y que, por así decirlo, explotan, egoísmos que pelean unos con otros "por el sol y la luz" y no saben cómo extraer de la moral efectiva hasta ese momento, ni límite ni freno ni consideración cualquiera. Fue esta misma moral la que almacenó de forma ingente la fuerza que en este momento ha tensado el arco tan amenazadoramente, hoy, esa moral ha vivido en demasía, se ha "anticuado". Se ha llegado al punto peligroso y alarmante en que una vida más amplia, más compleja, existe por encima de la antigua moral; ahora el "individuo" está obligado a darse su propia legislación, sus propias artes y picardías de autoconservación, autoelevación, autoredención. Todos los objetivos son nuevos, todos los medios son nuevos, ya no existe ninguna fórmula común, el malentendido y el menosprecio aparecen unidos entre sí, el descenso, la corrupción y los más sublimes deseos aparecen terriblemente anudados, el genio de la raza rebosa de todos los cuernos de la abundancia de lo bueno y lo perverso, emerge una terrible simultaneidad de primavera y otoño, plagada de nuevos atractivos y velos que son propios de la corrupción reciente, aún no consumida, aún no fatigada. Allí está nuevamente el peligro, padre de la moral, el gran peligro, esta vez trasplantado al individuo, al prójimo y amigo, a la calle, al hijo propio, al corazón propio, a todo lo más privado y secreto del deseo y de la voluntad: ¿qué irán a predicar ahora los filósofos de la moral que por este tiempo surgen en el horizonte? Reconocen, estos penetrantes observadores y mozos de esquina, que ahora se camina velozmente hacia el final, que todo lo que los rodea se pervierte a sí mismo y pervierte a otros, que nada se sostiene en pie hasta pasado mañana, salvo una sola especie de hombres, los irremediablemente mediocres. Exclusivamente los mediocres tienen perspectivas de seguir, de propagarse, ellos son los hombres del futuro, los únicos que subsisten; "¡sean como ellos!, ¡háganse mediocres!", grita a partir de ese momento la única moral que aún tiene sentido, que aún encuentra oídos. ¡Pero no es fácil predicar esa moral de la mediocridad! ¡No le es válido, en efecto, confesar nunca qué es y qué quiere! Tiene que hablar de prudencia y de decencia y de deber y de amor al prójimo, ¡tendrá necesidad de esconder la ironía!

263

Hay un instinto para reconocer el rango que es ya, más que cualquier otra cosa, indicio de un rango elevado; hay un gozo en las *nuances* del respeto que deja adivinar una procedencia y unas costumbres aristocráticas. La sutileza, bondad y elevación de un alma son puestas peligrosamente a prueba cuando a su lado ocurre algo que es de primer rango, pero que aún no está protegido por los temores de la autoridad, contra asaltos e impericias inoportunas, cosa que recorre su camino igual que una piedra de toque viviente, sin haber sido catalogado ni descubierto todavía, una cosa llena de tentaciones, acaso velada y enmascarada voluntariamente. El hombre, de cuya faena y ejercitación forma parte el examinar almas, usará totalmente ese arte de variadas formas para determinar cuál es el valor último de un alma, cuál es la jerarquía propia e irreversible a la que pertenece, la pondrá a prueba en su inclinación de respeto. *Différence engendre haine*[84]. La vulgaridad, de más de una naturaleza, lanza una salpicadura de pronto como si fuera agua sucia, cuando por su lado pasan un receptáculo sagrado cualquiera, una belleza cualquiera sacada de vitrinas cerradas, un libro cualquiera que porta las señales del gran destino. Y, por otra parte, concurren un enmudecimiento no voluntario, una inseguridad de la mirada, una inmovilización de todos los gestos, en los cuales se revela que un alma percibe la cercanía de algo más digno de veneración. La forma como en conjunto se ha mantenido hasta el momento en Europa el respeto por la Biblia es posiblemente el mejor elemento de disciplina y de elegancia de los hábitos que Europa debe al cristianismo: esos libros profundos y fuertemente significativos necesitan, para su protección, una dictadura de autoridad venida de fuera a fin de vencer esos milenios de duración que se necesitan para agotarlos y descifrarlos. Mucho se ha logrado cuando a la gran masa (a los frívolos, a los rápidos intestinos de toda especie) se

---

84   La diferencia engendra odio.

le ha inculcado por fin el sentimiento de que a ella no le es válido tocar todo, de que hay experiencias sagradas frente a las cuales tiene que quitarse los zapatos y mantener muy lejos sus sucias manos, esto instituye casi su máxima elevación en humanidad. Por el contrario, en los llamados hombres cultos, en los creyentes de las "ideas modernas", tal vez, ninguna otra cosa genere tanta náusea como su falta de pudor, su cómoda desfachatez de ojos y de manos, con la que tocan, lamen, manosean todo, y es probable que hoy en el pueblo, en el pueblo llano, sobre todo entre los campesinos, siga existiendo más relativa aristocracia del gusto y más tacto del respeto que entre el semimundo del espíritu que lee periódicos, entre los cultos.

264

No es posible tachar del alma de un hombre aquello que sus ascendentes hicieron de manera más gustosa y más persistente, bien fueran, por ejemplo, constantes ahorradores y, por así decirlo, simples fragmentos de una escribanía o de una caja de caudales, recatados y burgueses en sus apetitos, recatados también en sus virtudes; o bien, vivieran habituados a dar mandatos desde la mañana hasta la tarde, predispuestos a las distracciones toscas y, junto a eso, predispuestos tal vez a unos deberes y unas responsabilidades aún más toscos; o bien, en definitiva, hayan inmolado en algún momento antiguos privilegios de nacimiento y de posesión con la intención de vivir absolutamente para su fe, "su Dios", como hombres de conciencia inclemente y delicada, la cual se sonroja de toda mediación. No es posible, en modo alguno, que un hombre no posea en su cuerpo las propiedades e inclinaciones de sus padres y antepasados, y ello, a pesar de las apariencias. Este es la dificultad de la raza. Presumiendo que sepamos algo de los padres, es lícito sacar una conclusión sobre el hijo: cierta incontinencia asquerosa, cierta envidia miserable, un torpe darse la razón a sí mismo —estas tres cosas juntas han formado en todas las épocas el verdadero tipo plebeyo— y tienen que pasar al hijo con la misma certeza con que pasa la sangre corrompida; y con auxilio de la mejor educación, y de la mejor cultura, lo único que se logrará cabalmente es encubrir esa herencia. ¡Y qué otra cosa quieren hoy la educación y la cultura, en nuestra era tan popular, es decir, tan plebeya, "educación" y "cultura" tienen que ser fundamentalmente el arte de disimular, de disimular el origen, la plebe heredada en el cuerpo y en el alma. Un educador que hoy instruyera ante todo veracidad y que persuadiera constantemente a sus alumnos de este modo: "¡Sean verdaderos!, ¡sean naturales!, muéstrense tal como son!", incluso semejante burro virtuoso e ingenuo aprendería en corto tiempo a apelar a aquella *furca*[85] de Horacio: para *naturam expellere*[86]. ¿Con cuál resultado? La "plebe" *usque recurret*[87].

265

A riesgo de incomodar a oídos inocentes, yo afirmo esto: de la naturaleza del alma aristocrática forma parte el egoísmo, es decir, esa arraigada creencia de que a un ser como "somos nosotros", por naturaleza, tienen que estarle sometidos otros seres y tienen que consagrarse a él. El alma

85 Horcón.
86 Expulsar la naturaleza.
87 Vuelve siempre.

aristocrática admite este hecho de su egoísmo sin ninguna señal de interrogación y sin ningún sentimiento de dureza, imposición, arbitrariedad, más bien como algo que a ciencia cierta está fundado en la ley primordial de las cosas. Si buscara un nombre para nombrarlo diría: "es la justicia misma". En ciertas circunstancias, que al principio la hacen dudar, esa alma se declara que hay quienes tienen iguales derechos que ella. Tan pronto como ha aclarado este asunto de rango, se mueve entre esos iguales, dotados de iguales derechos, con la misma certeza en el pudor y en el sutil respeto que posee en el trato con ella misma, de acuerdo con un inherente mecanismo celeste que todos los astros conocen. Esa sutileza y autolimitación en el trato con sus semejantes es una porción más de su egoísmo, todo astro es un egoísta de esa clase: se honra a sí mismo en ellos y en los derechos que ella les confiere, no vacila en que el intercambio de honores y derechos, naturaleza de todo trato, son parte también del estado natural de las cosas. El alma aristocrática da de la misma manera que toma, partiendo del ardiente y excitable instinto de corresponder a todo aquello que existe en el fondo de ella. *Inter pares*, entre iguales, la noción de "gracia" no tiene sentido ni buen olor; posiblemente, haya una manera gloriosa de dejar caer sobre sí los regalos desde arriba por así decirlo, y de beberlos vorazmente como si fueran gotas, pero el alma aristocrática no posee habilidad para ese arte y ese gesto. Su egoísmo no se lo permite, en general observa hacia "arriba" a disgusto, observa, o bien frente a sí, de modo horizontal y lento, o bien hacia abajo. Ella se sabe en las alturas.

266

"Únicamente es posible apreciar verdaderamente a quien no se busca a sí mismo". Goethe al consejero Schlosser.

267

Entre los chinos existe un proverbio que las madres enseñan a sus hijos: *siao-sin*: "¡haz pequeño tu corazón!". Esta es la verdadera tendencia fundamental en las civilizaciones tardías. Yo no pongo en duda de que lo primero que un griego antiguo vería también en nosotros, los europeos actuales, sería el autoempequeñecimiento, y eso solo le impediría encontrarnos agradables".

268

En última instancia, ¿qué es la vulgaridad? Las palabras son signos-sonidos de conceptos, pero los conceptos son signos-imágenes más o menos definidos, de sensaciones que se repiten frecuentemente y emergen juntas, de conjuntos de sensaciones. Para comprenderse unos a otros ya no es suficiente con utilizar las mismas palabras, también hay que utilizar las mismas palabras para referirse al mismo tipo de experiencias internas, hay que tener, al final, una vivencia común con el otro. Por eso, los hombres de un mismo poblado se comprenden mejor entre ellos que los pertenecientes a poblados distintos, aunque estos utilicen la misma lengua; aunque, más bien, cuando los hombres han existido juntos durante largo tiempo en condiciones análogas (de clima, de suelo, de riesgo, de necesidades, de trabajo), de allí surge algo que "se comprende", un pueblo. En todas las almas sucede que un mismo número de experiencias que se repiten con frecuencia obtiene la primacía sobre aquellas que ocurren más raramente, sobre ellas la gente se entiende con rapidez, de una manera cada vez más veloz la historia de la lengua es la historia de un proceso de abreviación. Sobre la base de esa rápida comprensión la gente se relaciona de un modo estrecho, cada vez más estrecho. Mientras mayor es el riesgo, tanto mayor es la necesidad de estar de acuerdo con rapidez y facilidad sobre aquello que es necesario; el no entenderse en el peligro es algo que los hombres no pueden dejar pasar de ninguna manera para el trato mutuo. También, en cualquier amistad o relación amorosa se realiza la misma prueba. Nada de eso tiene duración a partir del momento en que se descubre que uno de los dos, usando las mismas palabras, siente, razona, sospecha, anhela, teme de modo distinto que el otro. (El temor al "eterno malentendido", ese es el *genius* benévolo que, con mucha frecuencia, a personas de sexo diferente, las aleja de uniones muy precipitadas, asesoradas por los sentidos y el corazón ¡y no un schopenhaueriano "*genius* de la especie" cualquiera!) ¿Cuáles son los grupos de sensaciones que se avivan más rápidamente dentro de un alma, que toman la palabra, que dictan órdenes? eso es lo que resuelve sobre la jerarquía entera de sus valores; eso es lo que en último lugar establece su tabla de bienes. Las valoraciones de un hombre revelan algo de la estructura de su alma y nos señala en qué ve esta sus condiciones de vida, sus verdaderas necesidades. Sospechando que, desde siempre, las necesidades hayan acercado entre sí solo a hombres que podían apuntar con signos parecidos a necesidades parecidas, a vivencias parecidas, resulta de esto, en conjunto, que una difusión fácil de las necesidades, es decir, en su último rincón, el experimentar vivencias solo comunes y vulgares tiene que haber sido la más eficaz de todas las fuerzas que han sometido a los hombres hasta ahora. Los hombres más parecidos, más habituales, han tenido y tienen siempre ventaja; los más escogidos, más sutiles, más extraños, más difíciles de entender, esos con facilidad permanecen solos en su aislamiento, ceden a los accidentes y raras veces trascienden. Es necesario apelar a ingentes fuerzas contrarias para poder oponerse a este natural, excesivamente natural, *progressus in simile*[88], al adelanto del hombre hacia lo semejante, tradicional, ordinario, masivo… ¡hacia lo vulgar!

269

Mientras más se vuelve un psicólogo —psicólogo y descubridor de almas nato, inevitable— hacia los casos y los hombres más escogidos, igualmente aumenta su riesgo de asfixiarse de compasión, él necesita, más que ningún otro hombre, rigidez y amabilidad. La corrupción, la destrucción de los hombres superiores, de las almas de naturaleza más extraña, en efecto, representan la regla. Es espantoso tener siempre frente a los ojos semejante regla. La heterogénea tortura del psicólogo que ha descubierto esa devastación, que ha descubierto primero una vez, y después casi siempre, toda la "incurabilidad interna" del hombre superior, ese permanente "demasiado tarde" en cualquier sentido, a lo largo de toda la historia, quizás, puede llegar a transformarse un día en motivo de que se vuelva con

---

88   Progreso hacia lo semejante.

amargura contra su propia suerte y haga una tentativa de autodestrucción, de que se "corrompa" a sí mismo. En casi todos los psicólogos notaremos una tendencia, y un placer delatores, a tratar con hombres comunes y bien ordenados, en esto se revela que ellos necesitan siempre de una curación, que necesitan una especie de escape y olvido, alejados de aquello que sus penetraciones e incursiones, que su "oficio", han hecho abatir sobre su conciencia. El temor a su memoria es particular de ellos. Frente al juicio de otros enmudecen fácilmente, con rostro inmóvil oyen cómo la gente honra, embelesa, ama, glorifica, allí donde ellos han observado, o hasta encubren su silencio asintiendo de modo expreso a una opinión frívola cualquiera. Tal vez la paradoja de su situación llegue tan terriblemente lejos que la muchedumbre, los cultos, los fanáticos aprendan por su lado el gran respeto, precisamente allí, donde ellos han aprendido la inmensa compasión al lado del gran desprecio, la humildad frente a los "grandes hombres" y animales prodigiosos por motivo de los cuales se bendice y se venera la patria, a la tierra, a la dignidad de la humanidad, a sí mismo, y que son presentados a la juventud como modelo para su educación... Y quién sabe si hasta este momento no ha venido sucediendo en todos los grandes casos completamente lo mismo: que la multitud adoraba a un dios, ¡y que ese "dios" no era más que un mísero animal para el sacrificio! El éxito siempre ha sido el mayor mentiroso y la "obra" misma es un éxito. El gran mandatario, el conquistador, el descubridor están cubiertos por el disfraz de sus creaciones hasta el punto de ser irreconocibles. La "obra", la del artista, la del filósofo, ella es la creadora de quien la ha creado, de quien la habría creado. Los "grandes hombres", así como se los admira, son pequeños y malos poemas compuestos con sucesión. En el mundo de los valores históricos prevalece la moneda falsa. Por ejemplo, esos célebres poetas, esos Byron, Musset, Poe, Leopardi, Kleist, Gogol, tal como están ahora allí, tal como seguramente tienen que estar: hombres de momentos, hombres apasionados, sensuales, pueriles, hombres poco considerados e inesperados en la desconfianza y en la confianza, en cuyas almas se encubre de ordinario una grieta, que con frecuencia se vengan con sus obras de un ensuciamiento interior; que con frecuencia buscan con sus vuelos dejar de lado una memoria demasiado fiel, que con frecuencia se pierden en el fango y casi se enamoran de él, hasta ser iguales a fuegos fatuos que vagan alrededor de los pantanos y simulan ser estrellas; entonces, el pueblo los llama idealistas, que con frecuencia luchan con una náusea extendida, con un fantasma de incredulidad que siempre regresa, el que los hace fríos y los obliga a desvivirse por la gloria y a engullir la "fe en sí mismos" arrebatándola de las manos de lisonjeros ebrios. ¡Qué suplicio son estos grandes artistas y, en general, los hombres superiores para quien los ha interpretado una vez! Resulta muy comprensible que sea precisamente de parte de la mujer, quien es clarividente en el mundo del sufrimiento y, por desgracia, también está deseosa de ayudar y rescatar más allá de sus fuerzas, de quien ellos vivan con mucha facilidad esos estallidos de compasión ilimitada y abnegadísima que la multitud, ante todo la multitud que venera, no comprende y sobre quienes acumula interpretaciones colmadas de curiosidad y autosatisfacción. Esa compasión se miente vulgarmente con relación a su fuerza; la mujer desearía creer que el amor todo lo puede, esa es su verdadera fe.

¡Ay, quien conoce el corazón sabe cuán pobre, necio, desamparado, creído, desacertado, más fácilmente destructor que salvador es incluso el amor mejor y más profundo! Es posible que bajo la leyenda y el sagrado disfraz de la vida de Jesús se oculte uno de los casos más atormentados de martirio del saber sobre el amor: el martirio del corazón más ingenuo y más lleno de deseos, que nunca había tenido suficiente con ningún amor de hombre, que demandaba amor, ser amado y solo eso, con dureza, con insensatez, con terribles estallidos contra quienes rechazaban su amor; la historia de un pobre insaciado e insaciable en el amor, que tuvo que crear el infierno para remitir a él a quienes no deseaban amarlo, y que finalmente, habiendo logrado saber sobre el amor humano, tuvo que crear un dios que es completamente amor, completamente capacidad de amar, ¡que se apiada del amor humano por ser este tan pobre, tan ignorante! Quien siente de esa manera, quien tiene tal sabiduría acerca del amor, busca la muerte. ¿Pero por qué rendirse a estas cosas dolorosas? Sospechando que no haya que hacerlo.

270

La soberbia y la náusea espirituales de cualquier hombre que haya padecido hondamente la jerarquía, casi está determinada por el grado de profundidad que pueden alcanzar los hombres en su sufrimiento, su estremecedora seguridad, que lo colma y colorea totalmente, de saber más, gracias a su sufrimiento, que lo que logran saber los más inteligentes e instruidos, de ser conocido y haberse encontrado "domiciliado", alguna vez, en diversos mundos lejanos y terribles, de los que "¡vosotros no sabéis nada!"..., esa soberbia espiritual y silenciosa del que sufre, esa vanidad del elegido del sufrimiento, del "iniciado", del casi inmolado, encuentra necesarias todas las formas de disfraz para ocultarse del contacto de manos incómodas y compasivas y, en general, de todo lo que no es su par en el dolor. El sufrimiento profundo convierte en aristócratas a los hombres, aparta. Una de las maneras más sutiles de disfraz es el epicureísmo, así como un cierto arrojo del gusto mostrado a partir de ese instante, el cual toma el sufrimiento a la ligera y se coloca en guardia contra todo lo triste e insondable. Existen "hombres joviales" que se aprovechan de la jovialidad porque, gracias a ella, son malentendidos, desean ser malentendidos. Hay "hombres científicos" que se aprovechan de la ciencia porque esta les da una apariencia jovial y porque el cientificismo lleva a deducir que el hombre es frívolo, quieren inducir a una falsa inferencia. Hay espíritus libres y desvergonzados que desearían ocultar y negar que son corazones destrozados, orgullosos, desahuciados, y a veces la necedad misma es la máscara empleada para encubrir un desdichado saber demasiado innegable. De ello se deduce que a una humanidad más delicada le es propio el sentir respeto "por la máscara" y el no labrar la psicología y la curiosidad en territorios artificiales.

271

Lo que separa más abismalmente a dos seres humanos son un concepto y un grado diferente de limpieza. De nada sirven toda la honradez y toda la mutua utilidad. De nada sirve toda la buena voluntad de uno para con el otro. En último lugar, siempre están en lo mismo "¡no pueden olerse!". El dominante instinto de limpieza sitúa a quien lo posee en el aislamiento más asombroso y peligroso, como si fuera un santo, ya que la santidad es definitivamente eso, la espiritualización máxima del mencionado instinto. Una cierta consciencia de una inexpresable plenitud en la felicidad del baño, un cierto brío y una cierta sed que estimulan infatigablemente al alma a salir de la noche y penetrar en la mañana, a salir de lo turbio, de la "mortificación", y entrar en lo claro, lo radiante, lo profundo, lo delicado. Esa tendencia, en la misma medida en que reconoce es una tendencia aristocrática, también separa. La piedad propia del santo es la piedad por la suciedad de lo humano, demasiado humano. Y hay niveles y alturas en los que la piedad misma es experimentada por él como corrupción, como suciedad...

272

Señales de aristocracia: nunca pensar en disminuir nuestros deberes a deberes de todo el mundo. No desear ceder, no desear compartir la propia responsabilidad. Asumir entre los deberes propios los privilegios propios y la práctica de esos privilegios.

273

Un hombre que ansíe cosas grandes pensará en todo aquel con quien se tropieza en su camino, o bien como un medio, o bien como una dificultad y obstáculo, o bien como un lecho transitorio para reposar. Su característica bondad, de alta estirpe, para con el prójimo únicamente es posible cuando él se encuentra en su altura y ejerce el mando.

La impaciencia, igual que la consciencia de haber estado siempre forzado a la comedia hasta ese momento pues hasta la guerra es una comedia y sirve de tapadera, de igual manera que todo medio sirve de tapadera con un fin, le echan a perder cualquier trato humano. Esa clase de hombre conoce la soledad y todas las cosas venenosísimas que la soledad posee con ella.

274

El problema de los que esperan. Son necesarios golpes de suerte, aparte de muchas cosas excepcionales, para que un hombre superior, dentro de quien reposa la solución de un problema, logre actuar en tiempo aún acertado —"estallar", como podría expresarse—. Esto no sucede de ordinario, y en todos los rincones de la tierra se encuentran sentadas personas que esperan y que apenas tienen idea de hasta qué punto esperan, y menos aún de que esperan en vano. A veces, también sucede demasiado tarde la llamada despertadora, el azar que da "permiso" para actuar, cuando ya la mejor juventud y la mejor energía para actuar se han agotado a fuerza de estar sentadas e inmóviles, ¡y más de uno ha descubierto con pánico, precisamente cuando "se puso de pie", que sus miembros se encontraban dormidos y que su espíritu se encontraba demasiado pesado ya! "Es demasiado tarde" se dijo, perdida la fe en sí mismo e inservible para siempre a partir de ese momento ¿Tal vez, en el reino del genio, el "Rafael sin manos", comprendida esta frase en su sentido más amplio, constituiría no la excepción, sino más bien la regla? Tal vez, el genio no sea tan extraño, pero sí lo son las quinientas manos que él requiere para tiranizar el χαιóς[89], "el momento oportuno" ¡para atrapar el azar por los pelos!

275

Quien no quiere observar lo elevado de un hombre, fija su vista de una forma tanto más penetrante en aquello que en él es bajo y trivial, y solo con eso se delata.

276

En toda especie de lesión y de pérdida, el alma inferior y más indecorosa se halla en mejores condiciones que el alma más aristocrática, los riesgos de esta última deben ser mayores, su posibilidad de sufrir una desgracia y de fallecer incluso es enorme dada la complejidad de sus condiciones de vida. En un lagarto la cola perdida vuelve a crecer, en el hombre no.

277

¡Mucho peor! ¡Otra vez la antigua historia! Cuando uno ha terminado de construir su casa nota que, mientras la construía, ha aprendido, sin darse cuenta, una cosa que tendría que haber sabido definitivamente antes de empezar a construir. El perpetuo e impertinente "¡demasiado tarde!". ¡La melancolía de todo lo concluido!...

---

89   Caos.

278

Viajero, ¿quién eres tú? Veo que transitas tu camino sin desprecio, sin amor, con ojos indescifrables, mojado y triste como una sonda que, sin saciar, vuelve a salir a la luz desde toda profundidad ¿qué escarbaba allá abajo?, con un pecho que no anhela, con unos labios que esconden su náusea, con una mano que solo aprisiona las cosas con lentitud. ¿Quién eres tú? ¿Qué has hecho? Reposa aquí. Este lugar es acogedor para todo el mundo. ¡Recupérate! Y seas quien seas: ¿Qué es lo que en este momento te gusta? ¿Qué es lo que te sirve para reponerte? Es suficiente con que lo nombres, ¡lo que yo tenga te lo entrego! "¿Para reponerme? ¿Para reponerme? Oh tú, entrometido, ¿qué es lo que dices? ¡Pero dame, te lo ruego!" —¿Qué? ¿Qué? ¡Dilo! "¡Una máscara más! ¡Una segunda máscara!...".

279

Los hombres de honda tristeza se ponen en evidencia cuando son felices, tienen una forma de aferrar la felicidad como si desearan estrangularla y ahogarla por celos. ¡Ay, saben demasiado bien que se les escapa!

280

"¡Mal! ¡Mal! ¿Cómo?, ¿no va hacia atrás?" ¡Sí! Pero comprendéis mal a ese hombre cuando os quejáis de ello. Él va hacia atrás como todo aquel que quiere hacer un gran salto.

281

"¿Me creerán? Yo solicito que se me crea. En mí, sobre mí, siempre he pensado únicamente mal, solo en casos muy extraños, solo de forma muy forzada, siempre sin placer 'por el asunto', dispuesto a errar lejos de 'mí', siempre sin confianza en el resultado, gracias a una indomable desconfianza con relación a la posibilidad del autoconocimiento, la cual me ha llevado tan lejos que he llegado a apreciar una *contradictio in adjeto*[90] en la noción de 'conocimiento inmediato' que los teóricos se permiten, este hecho completo es casi lo más cierto que yo sé acerca de mí. Tiene que existir en mí una especie de rechazo a creer algo concluyente sobre mí. ¿Acaso, se oculta allí un enigma? Seguramente, pero por suerte, no uno para mis propios dientes. ¿Tal vez esto revela la especie a la que yo pertenezco? Pero, no me lo revela a mí, que es lo que yo anhelo".

282

"¿Pero, qué te ha sucedido?". "No lo sé, dijo vacilante, tal vez las arpías han pasado volando sobre mi mesa". Hoy sucede a veces que un hombre amable, mesurado, prudente, de repente se pone furioso, tira los platos, tumba la mesa, grita, alborota, insulta a todo el mundo y termina por irse de allí avergonzado, rabioso contra él mismo. ¿Hacia dónde va?, ¿Para qué? ¿Para fallecer de hambre en su retraimiento? ¿Para asfixiarse con su memoria? Quien posea los deseos propios de un alma elevada y descontentadiza y muy pocas veces encuentre puesta su mesa, cocinado su

---

90   Contradicción en el adjetivo.

alimento, en cualquier época correrá un gran peligro, pero en este momento, este es extraordinario. Lanzado dentro de una época estridente y plebeya, con la que no le gusta comer de un mismo plato, con facilidad puede morir de hambre y de sed, o —en el caso de que termine por "estirar la mano"— de una náusea repentina. Posiblemente todos nosotros ya nos hemos sentado en mesas que no eran las nuestras, y justamente los más espirituales de nosotros, los que somos más complejos de alimentar, conocemos esa peligrosa *dyspepsia* que proviene de un conocimiento y un desencanto repentinos acerca de nuestra comida y de nuestros compañeros de mesa, la náusea de los postres.

283

Presumiendo que deseemos alabar, constituye un delicado autodominio, aristocrático al mismo tiempo, el alabar siempre, únicamente cuando no estamos de acuerdo —de lo contrario estaríamos alabándonos, en efecto, a nosotros mismos—, lo cual se dirige contra el buen gusto. Claro está, que ese es un autodominio que brinda una oportunidad y un motivo magníficos para ser permanentemente malentendidos. Para que nos sea válido permitirnos ese genuino lujo de gusto y de moralidad tenemos que existir, no entre los necios del espíritu, sino más bien entre aquellos a quienes incluso los malentendidos y las equivocaciones los recreen a causa de su ingenio, ¡o tendremos que pagarlo caro! "Él me alaba, por lo tanto, me da la razón" esta burrada de deducción lógica nos estropea media vida a nosotros los eremitas, pues introduce a los burros entre nuestros vecinos y amistades.

284

Vivir con una desidia grande y orgullosa, siempre más allá. Poseer y no poseer, a voluntad, apegos propios, pros y contras propios, acomodarse a ellos por horas; montarnos sobre ellos igual que sobre caballos, con frecuencia igual que sobre asnos. Hay que saber aprovechar, en consecuencia, tanto su estupidez como su pasión. Guardar nuestras trescientas razones frontales, además de las gafas negras, pues hay situaciones en los que a nadie le es válido mirarnos a los ojos y menos aún a nuestros "fondos". Y escoger como compañía ese vicio granuja y alegre: la cortesía. Y permanecer amos de nuestras cuatro virtudes: el valor, la lucidez, la simpatía, la soledad. Ya que la soledad es, en nosotros, una virtud, puesto que constituye una tendencia y un impulso sublimes a la limpieza, los que adivinan que, en esa relación entre hombre y hombre "en sociedad", las cosas tienen que suceder de una forma inevitablemente sucia. Toda colectividad nos hace de alguna forma, en algún lugar, en algún momento "vulgares".

285

Los sucesos y pensamientos más grandes —y los pensamientos más grandes son los sucesos más grandes— son los que más cuestan entender. Las generaciones contemporáneas, de ellos no tienen la experiencia de tales acontecimientos, existen al margen de ellos. Aquí sucede algo similar a lo que sucede en el reino de los astros. La luz de los astros más lejanos es la que demora más en llegar a los hombres, y antes de que haya llegado, el hombre rechaza que allí existan astros. "¿Cuántos siglos precisa un espíritu para ser comprendido?". Este también es un criterio de medida. Con él también se crean una jerarquía y una etiqueta como se necesitan: para el espíritu y para el astro.

286

"Aquí la visión es despejada, el espíritu está elevado". Sin embargo, hay una especie opuesta de hombres, la que también se encuentra en la altura y también tiene despejada la visión, pero mira hacia abajo.

287

¿Qué es aristocrático? ¿Qué sigue representando para nosotros, actualmente, la palabra "aristocrático"? ¿En qué se revela, en qué se muestra el hombre aristocrático bajo este cielo pesado, y oculto del dominio naciente de la plebe que torna opaco y plomizo todo? No son las acciones las que conforman su demostración, las acciones siempre son confusas, siempre insondables, tampoco son las "obras". Entre los artistas y los eruditos, hoy encontramos muchos que descubren con sus obras que un hondo deseo los empuja hacia lo aristocrático, pero precisamente esa necesidad de lo aristocrático es radicalmente diferente de las exigencias del alma aristocrática misma y, en realidad, el fecundo y peligroso síntoma de su carencia. No son las obras, es la fe la que aquí estipula, la que aquí determina la jerarquía, para volver a emplear una antigua fórmula religiosa en un nuevo sentido y más profundo, una determinada convicción básica que un alma aristocrática tiene sobre sí misma, algo que no se puede buscar, ni hallar, ni, posiblemente, tampoco perder. El alma aristocrática se respeta a sí misma.

288

Hay hombres que irremediablemente tienen espíritu, aunque inventen los rodeos y excusas que deseen y aunque se cubran los ojos delatores con las manos (¡como si la mano no fuera delatora!). Al final, siempre resulta que ellos tienen algo que esconder, a saber: espíritu. Una de las maneras más sutiles para encubrir, al menos por el mayor tiempo posible, y para fingir, exitosamente, que uno es más necio de lo que es —situación que en la vida vulgar es con frecuencia tan deseable como un paraguas— se llama entusiasmo. Agregando a este lo que de él forma parte, por ejemplo la virtud, pues, como dice Galiani, que ya debía saberlo: *vertu est enthousiasme*[91].

289

En los escritos de un ermitaño también se oye siempre algo del eco del infecundo, algo del murmullo y del temeroso mirar alrededor propios de la soledad, incluso en sus palabras más fuertes, hasta en su grito sigue sonando una especie nueva y más peligrosa de silencio, de mutismo. Aquel que durante años y años, durante días y noches ha permanecido sentado solo con su alma, en discusión y conversación íntima con ella; quien en su gruta, que puede ser

---

91   Virtud es entusiasmo.

un laberinto o además una mina de oro, se transformó en oso de cuevas o en buscador de tesoros, o en guardián de tesoros y dragón, ese posee unos conocimientos que terminan tomando un color crepuscular propio, un olor igual de profundidad que de moho, una cosa incomunicable e inmunda, que lanza un aliento frío sobre todo aquel que pasa a su lado. El ermitaño no supone que un filósofo, presumiendo que un filósofo haya empezado siempre por ser un ermitaño, nunca haya mencionado en libros sus verdaderas y últimas opiniones: ¿Justamente, no se escriben libros para encubrir lo que ocultamos dentro de nosotros? Incluso, pondrá en duda que un filósofo pueda poseer, en absoluto, opiniones "últimas y verdaderas", que en él no exista, no tenga que existir, detrás de cada gruta, una gruta más profunda, un mundo aún más amplio, más raro, más rico, situado más allá de la superficie, un precipicio detrás de cada fondo, detrás de cada "fundamentación". Cualquier filosofía es una filosofía de fachada, he allí un juicio de ermitaño. "Hay algo caprichoso en el hecho de que él permaneciera quieto aquí, observara hacia atrás, observara alrededor, en el hecho de que no penetrara más hondo aquí y dejara de lado el azadón, en ello también hay algo de desconfianza". Toda filosofía también oculta una filosofía, toda opinión también es un escondite, toda palabra también es una máscara.

290

Todo pensador profundo siente más miedo a ser comprendido que a ser malentendido. Por motivo de lo último sufre tal vez su vanidad; en cambio, por motivo de lo primero, sufre su corazón, su simpatía, que siempre expresa: "Ay, ¿por qué vosotros queréis que las cosas os pesen tanto como a mí?"

291

El hombre, animal confuso, cínico, artificioso e impenetrable, alarmante para los otros animales no tanto por su fuerza como por sus engaños y su inteligencia, ha creado la buena conciencia para regocijarse por fin de su alma como de un alma sencilla, y la moral absoluta es una esforzada y extendida falsificación, en virtud de la cual es imposible gozar del espectáculo del alma. Desde este punto de vista tal vez formen parte de la noción de "arte" más cosas de las que usualmente se cree.

292

Un filósofo es un hombre que permanentemente vive, ve, escucha, sospecha, aguarda, sueña cosas extraordinarias; alguien al que sus propios pensamientos lo sacuden como desde afuera, como desde arriba y desde abajo, estableciendo su peculiar género de acontecimientos y rayos; tal vez, él mismo sea una tormenta que avanza grávida de nuevos rayos; un hombre fatal, cercado siempre de truenos y bufidos y aullidos y eventos inquietantes. Un filósofo... Ay, un ser que constantemente escapa de sí mismo, que con frecuencia se teme a sí mismo, pero que es demasiado curioso para no "regresar a sí mismo" una y otra vez...

293

Un hombre que dice: "Esto me gusta, yo me lo apropio y deseo protegerlo y resguardarlo contra todos"; un hombre que puede mantener una causa, consumar una decisión, guardar fidelidad a un pensamiento, conservar a una mujer, castigar y vencer a un temerario; un hombre que tiene su ira y su espada, ¡ya! Igual que los débiles, que los que padecen, que los oprimidos, también los animales, se reúnen con gusto y por naturaleza le pertenecen, simplemente, un hombre que es señor por naturaleza, cuando un hombre así tiene compasión, ¡bien!, ¡esa compasión posee valor! En cambio, ¡qué importa la compasión de aquellos que sufren! ¡O de aquellos que incluso predican compasión! Hoy existe en casi todos los sectores de Europa una sensibilidad y una delicadeza morbosas para el dolor, y también una desagradable incontinencia en la queja, una ternura que quisiera decorarse con la religión y con los utensilios filosóficos para parecer algo superior, hay un verdadero culto del sufrimiento. La falta de masculinidad, de aquello que en esos círculos de ingenuos se denomina compasión, es lo primero que, a mi juicio, siempre salta a la vista. Hay que expulsar con energía y profundamente esta recientísima especie del mal gusto, y en fin, y yo quiero que, finalmente, para combatir esto, la gente coloque en su corazón y en su cuello el excelente amuleto del "Gai saber", *La gaya ciencia*, para explicárselo a los alemanes.

294

El vicio olímpico. A despecho de ese filósofo que,

como auténtico inglés, trató de crear entre todas las cabezas que piensan una espantosa fama al reír —"Reír es un terrible defecto de la naturaleza humana que toda cabeza que piensa hará un esfuerzo por superar (Hobbes)"—, yo me permitiría hasta determinar una jerarquía de los filósofos de acuerdo con el rango de su risa hasta finalizar, por arriba, en aquellos que logran una carcajada áurea. E imaginando que los dioses también filosofen, asunto al que me ha conducido ya más de una conclusión, yo no pongo en duda que, cuando lo hacen, saben reír también de un modo sobrehumano y nuevo ¡y a costa de cualquier cosa seria! A los dioses les gustan las burlas. Parece que no pueden parar de reír ni siquiera en sus acciones sagradas.

295

El genio del corazón, tal como lo conserva aquel gran oculto, el dios-tentador y cazarratas originario de las conciencias, cuya voz sabe bajar hasta el inframundo de cualquier alma, que no pronuncia una palabra, no lanza una mirada en las que no haya una intención y un guiño de seducción, de cuya destreza forma parte el saber parecer y no aquello que él es, sino aquello que forma, para quienes lo siguen, una contracción más para aproximarse cada vez más a él, para seguirlo de una manera cada vez más íntima y sustancial; el genio del corazón, que a todo lo que es estridente y se complace en sí mismo lo hace silenciar y lo enseña a escuchar, que afina las almas rudas y les da a gustar un nuevo deseo; el de permanecer quietas como un espejo, para que el profundo cielo se muestre en ellas; el genio del corazón, que a la mano torpe y apresurada le enseña a dudar y a coger las cosas con mayor delicadeza, que presiente el tesoro oculto y olvidado, la gota de bondad y de dulce espiritualidad oculta bajo el hielo grueso y oscuro y es una varita mágica para cualquier grano de oro que estuvo largo tiempo sepultado en la prisión del mucho fango y arena; el genio del corazón, de cuyo contacto aflora más rico todo el mundo, no agraciado y extrañado, no beneficiado y abrumado como por un bien ajeno, sino más rico de sí mismo, más nuevo que antes, sacudido, aireado y sonsacado por un viento tibio, acaso más inseguro, más sutil, más frágil, más endeble, pero lleno de esperanzas que todavía no tienen nombre, lleno de nueva voluntad y nuevo fluir, lleno de nueva contravoluntad y nuevo refluir... ¿pero, amigos míos, qué es lo que estoy haciendo,? ¿De quién os estoy hablando? ¿Tal vez me he distraído hasta el punto de no haberos dicho ni siquiera su nombre? A no ser que ya hayáis adivinado por vosotros mismos quién es ese espíritu y problemático dios que desea ser alabado de esta forma. Lo mismo que le sucede, en efecto, a todo aquel quien desde su infancia se ha encontrado siempre en camino y en el extranjero, a mí también me han salido al paso muchos espíritus raros y peligrosos, pero en especial ese de quien acabo de hablar, ese lo ha hecho una y otra vez, nadie menos, en realidad, que el dios Dioniso, ese gran dios ambiguo y provocador a quien en otra época, como saben, le ofrecí mis comienzos con todo secreto y toda devoción, siendo yo, a mi juicio, el último que le ha ofrecido un sacrificio, pues no he descubierto a nadie que haya comprendido lo que yo hice entonces. Mientras tanto he aprendido muchas más cosas, sobradas cosas sobre la filosofía de este dios, y como queda mencionado, de boca a boca. Yo, el último discípulo e iniciado del dios Dioniso, ¿y me sería válido acaso empezar por fin, alguna vez, a daros a gustar a vosotros, amigos míos, en la medida en que me esté permitido, un poco de esta filosofía? A media voz, como es preciso, ya que se trata de muchas cosas encubiertas, nuevas, inusuales, prodigiosas, inquietantes. Que Dioniso es un filósofo y que, en consecuencia, los dioses también filosofan, me parece una novedad que no deja de ser engañosa, y que posiblemente suscite desconfianza totalmente entre filósofos; entre vosotros, amigos míos, no hay tanta oposición a ella, salvo la de que llega demasiado tarde y fuera de tiempo, pues no os gusta creer, según me han expresado, ni en dios ni en dioses. ¿Tal vez, también tenga yo, en la honestidad de mi narración, que llegar más allá de lo que siempre resulta atractivo a los rígidos hábitos de sus oídos? Por supuesto, el mencionado dios llegó, en aquellos diálogos, muy lejos, excepcionalmente lejos, y siempre iba muchos pasos adelante de mí... Aún más, si estuviera permitido, yo le otorgaría, según la usanza de los humanos, hermosos y pomposos nombres de gala y de virtud, y haría un inmenso elogio de su valor de estudioso y descubridor, de su atrevida sinceridad, franqueza y amor a la verdad. Pero con todos estos honorables cachivaches y adornos semejante dios no sabe qué hacer. Diría "¡Guarda eso para ti y para tus iguales, y para todo aquel que lo necesite! ¡Yo no poseo razón alguna para cubrir mi desnudez!". Se adivina, ¿acaso le falta recato a este tipo de divinidad y de filósofos? En una oportunidad me dijo así: "En ciertas circunstancias yo amo a los seres humanos", y al decir esto citaba a Ariadna que estaba presente, "para mí el hombre es un animal agradable, valeroso, lleno de inventiva, que no tiene par en la tierra y que sabe encaminarse incluso en cualquier laberinto. Yo soy bueno con él, con frecuencia pienso en cómo hacerlo avanzar más y hacerlo más fuerte, más malvado y más oscuro de cuanto es". "¿Más fuerte, más malvado y más oscuro?", pregunté yo, atemorizado. "Sí", repitió, "más fuerte, más malvado y más oscuro; también más hermoso" y al decir esto este dios-provocador reía con su sonrisa alciónica, como si terminara de decir una encantadora gentileza. Aquí se percibe a un mismo tiempo que a esta divinidad no le falta únicamente pudor; y en general, existen buenas razones para suponer que, en ciertas cosas, los dioses en conjunto podrían comenzar a aprender de nosotros los hombres. Nosotros los hombres somos más humanos...

296

¡Ay, qué vosotros sois, pues, pensamientos míos escritos y pintados! No hace mucho tiempo eran todavía tan multicolores, jóvenes y maliciosos, tan repletos de espinas y de secretos aromas, que me hacíais estornudar y reír. ¿Y ahora? Ya se han librado de su novedad, y algunos de vosotros, me temo, estáis dispuestos a convertiros en verdades. ¡Tan inmortal es la apariencia que ellos ofrecen, tan honesta, tan aburrida, que rompe el corazón! ¿Y ha sido de otra forma alguna vez? ¿Pues, qué cosas escribimos y pintamos nosotros, nosotros, los mandarines de pincel chino, nosotros los eternizadores de aquello que se deja escribir, qué es lo único que nosotros somos capaces de pintar? ¡Ay, siempre solamente aquello que está a punto de languidecer y que comienza a perder su aroma! ¡Ay, siempre solamente tempestades que se distancian y se disipan, y amarillos sentimientos tardíos! ¡Ay, siempre solamente pájaros agotados de volar y que se perdieron en su vuelo, y que ahora se dejan atrapar con la mano, con nuestra mano! ¡Nosotros eternizamos aquello que ya no logra vivir y volar mucho tiempo, solamente cosas agotadas y reblandecidas! Y solamente para pintar vuestra tarde, oh, pensamientos míos escritos y pintados, tengo yo colores, posiblemente muchos colores, muchas multicolores sutilezas y cincuenta amarillos y grises y verdes y rojos: pero nadie me descubre basándose en esto, qué apariencia ofrecíais vosotros en vuestra mañana, vosotros chispas y prodigios imprevistos de mi soledad, ¡vosotros mis viejos y amados pensamientos perversos!

DESDE ALTAS MONTAÑAS

ÉPODO

¡Oh mediodía de la vida! ¡Tiempo solemne!
                    ¡Oh jardín de verano!
Inquieta felicidad de estar de pie y divisar y aguardar
A los amigos aguardo impaciente, preparado día y noche,
¿Amigos, dónde estáis? ¡Venid! ¡Ya es hora! ¡Ya es hora!

¿No ha sido por vosotros, por quienes el gris del glaciar
                    se ha adornado hoy de rosas?
A vosotros os busca el arroyo, y hoy el viento y la nube
Anhelantes se alzan, se empujan hacia el azul,
Para veros a lejanísima vista de pájaro.

En lo más alto estaba preparada mi mesa para vosotros:
                    ¿Quién vive tan cerca
De las estrellas, quién tan cerca de las pardísimas
                    lejanías del abismo?
Mi reino ¿qué reino se ha extendido más que él?
Y mi miel ¿quién la ha saboreado?

¡Allí estáis ya, amigos! Ay, ¿es que no es a mí
                    a quien queríais llegar?
Titubeáis, os quedáis sorprendidos. ¡Ay, sería preferible
                    que sintierais rencor!
¿Es que yo ya no soy yo? ¿Es que han cambiado mi mano,
                    mi paso, mi rostro?
¿Es que lo que yo soy, eso, para vosotros, no lo soy?

¿Es que me he vuelto otro? ¿Y extraño a mí mismo?
¿Es que me he escapado de mí mismo?
¿Es que soy un luchador que se ha domado
demasiadas veces a sí mismo?
¿Que demasiadas veces ha luchado con su propia fuerza,
Herido y estorbado por su propia victoria?

¿Es que yo he buscado allí donde sopla más cortante el
viento?
¿Es que he aprendido a vivir
Donde nadie vive, en desiertas zonas de osos polares
Y he olvidado al hombre y a Dios,
la maldición y la plegaria?
¿Es que me he transformado en un fantasma
que camina sobre glaciares?

¡Vosotros, viejos amigos! ¡Mirad!
¡Pero os habéis quedado pálidos,
Llenos de amor y de horror!
¡No, marchaos! ¡No os enfadéis!
¡Aquí, vosotros no podríais tener vuestra casa!
Aquí, en el alejadísimo reino del hielo y de las rocas,
Aquí es necesario ser cazador e igual que los antílopes.

¡En un perverso cazador me he convertido!
¡Observad cuán tirante
se tensa mi arco!
El más fuerte de todos fue quien logró esa tirantez.
Pero, ¡ay ahora! peligrosa es la flecha
Como ninguna otra, ¡fuera de aquí!

¡Por vuestro propio bien!...

¿Os dais la vuelta? Oh corazón, mucho has soportado,
            fuerte permaneció tu esperanza:
¡Mantén abiertas tus puertas para nuevos amigos!
¡Deja a los viejos! ¡Abandona el recuerdo!
Si en otro tiempo fuiste joven,
            ahora ¡eres joven de un mejor modo!

Lo que en otro tiempo nos unió,
            el lazo de una misma esperanza,
            ¿Quién sigue leyendo los signos
Que un día grabó el amor, los pálidos signos?
Yo te comparo con el pergamino, que la mano
Tiene temor de agarrar, como él, ennegrecido, tostado.

¡Ya no son amigos, son... ¿qué nombre darles?
            Solo fantasmas de amigos!
Sin duda ellos siguen golpeando por la noche
            en mi corazón y en mi ventana
Me miran y dicen: "¿es que no hemos sido amigos?"
¡Oh palabra marchita, que en otro tiempo olió a rosas!

¡Oh anhelo de juventud, que se malentendió a sí mismo!
            Aquellos a quienes yo anhelaba,
A los que yo imaginaba similares a mí,
            cambiados como yo,
El hecho de envejecer los ha alejado de mí:
Solo quien se transforma continúa emparentado conmigo.

¡Oh mediodía de la vida! ¡Segunda juventud!

¡Oh jardín de verano!
¡Inquieta felicidad de estar de pie y divisar y aguardar!
A los amigos espero impaciente, preparado día y noche,
¡A los nuevos amigos! ¡Venid! ¡Ya es hora! ¡Ya es hora!

Esta canción ha terminado, el dulce grito del anhelo
                    Ha fallecido en la boca
Un mago la hizo, el amigo a la hora precisa,
El amigo de mediodía ¡no!, no preguntéis quiénes
Fue hacia el mediodía cuando uno se convirtió en dos...

Ahora nosotros, seguros de una victoria conjunta,
                    celebramos
            La fiesta de las fiestas.
¡El amigo Zaratustra ha llegado,
            el huésped de los huéspedes!
Ahora el mundo sonríe, el telón gris se ha rasgado,
El instante de las bodas entre la luz y
            las tinieblas ha llegado...

ÍNDICE

PRÓLOGO 9

PRIMERA PARTE: DE LOS PREJUICIOS DE
LOS FILÓSOFOS 13

SEGUNDA PARTE: EL ESPÍRITU LIBRE 43

TERCERA PARTE: EL SER RELIGIOSO 71

CUARTA PARTE: MÁXIMAS E INTERMEDIOS 95

QUINTA PARTE: CONTRIBUCIÓN A UNA HISTORIA
NATURAL DE LA MORAL 118

SEXTA PARTE: NOSOTROS LOS SABIOS 147

SÉPTIMA PARTE: NUESTRAS VIRTUDES 172

OCTAVA PARTE: PUEBLOS Y PATRIAS 206

NOVENA PARTE: ¿QUÉ ES ARISTOCRÁTICO? 238

DESDE ALTAS MONTAÑAS: ÉPODO 281